姫路城主「名家のルーツ」を探る

播磨学研究所・編

◎目次

＊本書は播磨学特別講座「姫路城主『名家のルーツ』を探る」（２０１１年５月～11月）をもとに構成したものです。

播磨国衆・小寺氏

野田泰三

◆はじめに

小寺氏は南北朝・室町時代に赤松氏の家臣として活動し、戦国時代になると飾東郡御着を拠点に有力国衆として台頭します。天正年間に織田信長の播磨進出が本格化すると、小寺氏の家臣であった黒田官兵衛（孝高《よしたか》）が信長・秀吉に接近する一方、当主政職《まさもと》は織田氏と毛利氏・本願寺とのあいだで板挟みとなり、最終的には播磨を退去することになります。近年、小寺氏のご子孫に伝わった古文書が発見・紹介され、戦国・織豊時代の動向の解明が進みました。本稿では、南北朝から戦国・織豊時代にかけて、播磨を舞台に活躍した小寺氏の軌跡をたどってみたいと思います。

◆小寺氏の出自

「赤松氏大系図」などの系図類によると、小寺氏は赤松氏一族の宇野氏から分かれたことになっていて、赤松氏一族ということになります。備前守を称した宇野頼季、その子で弾正忠と名乗っていた季有の両名が、南北朝時代の延文（一三五六～六一）から応安年間（一三六八～七五）、守護赤松氏の代官として国内を治める守護代の職にあったことが史料から確認され、系図のうえでは季有が最初に小寺を称したことになっています。

ただ、小寺氏を村上源氏の流れを汲む赤松氏の一族とする系図上の記述については、検討の余地があります。根拠の一つは小寺氏の代々当主の名乗りです。小寺氏当主は南北朝以来、代々藤兵衛尉を称するのが一般的でした。この時代の社会慣習として、名乗りに「藤」をつけるのはおおよそ藤原氏出身の一族です。戦国時代になると源平藤橘の区別があまり厳密ではなくなり、平家出身であるにもかかわらず藤◯◯と名乗ったり、源氏一族なのに平△△という名乗りをするといったことも見られるようになるのですが、南北朝時代にはそういう乱れはあまり見られません。そういう時代に藤兵衛尉と名乗っていたということは、小寺氏は、のちには系図上で赤松氏の分かれとされるものの、本来は藤原氏一族で、もともと赤松氏とは血族関係になかったのではないか、という疑問を私は抱いています。

もう一点、戦国時代になると小寺氏は赤松家中では年寄衆と呼ばれ、播磨国支配の実務を担う、宿老（家老）の家柄になります。ところが播磨において年寄と呼ばれる家は、赤松円心が播磨守護に任命される以前から赤松氏の家臣として仕えている家柄、いわゆる根本被官の家柄です。赤松氏一族である場合には年寄衆にはなりません。

徳川幕府の例を考えていただければわかり易いと思いますが、松平氏を称する親藩の大名は老中や若年寄といった役職には就きません。幕府の実務を切り盛りするのは、譜代と呼ばれる古くからの徳川氏の家臣筋の大名達でした。戦国時代の播磨においても同様のことがいえ、小寺氏も赤松氏の根本被官ではなかったか。赤松氏の一族から分かれたという系図類の記述の信憑性については、あらためて考えてみる必要があるのではないかと思っています。

ちなみに、播磨国の惣社として知られる射楯《いたて》兵主《ひょうず》神社（姫路市）には、永禄十年（一五六七）九月に小寺職隆《もとたか》（黒田孝高の父）が拝殿と門を再建した際に納めた棟札が伝わっていました（太平洋戦争時に焼失）。島田清「播磨の古札」（『播磨郷土資料　第一輯』、一九三三年）に掲載された棟札銘には「藤原朝臣小寺美濃守職隆」との署判があります。黒田家の出自についてはおくとして、この場合、主家から小寺姓を許されていた職隆が記す本姓は当然主家小寺家のものと考えられますから、小寺家が藤原氏の流れを汲むとの認識があったことが判明します。

小寺氏はもともと藤原氏出自の豪族であったが、のち（おそらくは近世段階）に播磨における赤松氏の評価が大きくなるにつれ、いつしか系図上は赤松氏の一族ということにされたのではないでしょうか。

◆赤松氏の出自（参考）

小寺氏のルーツについては不明な点が多いのですが、実は赤松氏自体の出自についてもはっきりしたルーツについてはわかりません。伊藤邦彦氏の研究が比較的整理されていると思われますが、注目されるのは鎌倉後期に播磨で活躍した小串氏との関係です（伊藤「鎌倉時代の小

串氏」、『鎌倉幕府守護の基礎的研究【論考編】』所収、岩田書院、二〇一〇年)。
小串氏はもともと上野国(群馬県)多胡郡小串を名字の地とする関東御家人ですが、鎌倉後期以降、在京人としての活動が知られるようになります。在京人というのは、京都に駐在して鎌倉幕府の出先機関である六波羅探題に出仕したり、あるいは天皇の住まいする内裏の守護や京都の街の警衛にあたる武士のことで、鎌倉末期になると六波羅探題北条氏の被官(家来)となる者もあらわれます。

常葉流と称される北条氏庶流の当主で、六波羅探題を務め、同時に播磨守護の職も兼ねた常葉範貞という人物がおり、その常葉範貞の被官である小串範行が、元亨三年(一三二三)頃に「佐用庄太田方給主」であった、つまり佐用庄内の太田方という地を主人から拝領していたことが史料上確認できます。また小串貞雄も常葉範貞の家来で、嘉暦二年(一三二七)に播磨守護代をつとめており、現地播磨での代官に上月四郎左衛門尉を任用しています。

小串範行が賜った佐用庄太田方は、いうまでもなく赤松氏の拠点の一つですし、小串貞雄の代官をつとめた上月氏も赤松氏の一族です。播磨守護常葉氏の代官として播磨にやって来た小串貞雄・範行が、現地の有力武士であった赤松氏との関係を持つようになったのではないかと考えられるわけです。

さらに鎌倉最末期、小串範秀という人物が登場します。和歌や琵琶に秀でた文化人で、とくに禅宗に通じていたことで知られ、京都の嵯峨に西禅寺という禅寺を建立し、当時著名な禅僧であった雪村友梅《せっそんゆうばい》を住持に招きました。この小串範秀は播磨で活動した形跡はありませんが、元弘三年（一三三三）に鎌倉幕府・六波羅探題が滅亡したときには、雪村友梅について出家して生き延び、のち播磨守護となった赤松円心が、地元の苔縄に法雲寺を建立したときには、雪村友梅を開山として招聘することを勧めました。その縁でしょうか、範秀は播磨で没していま す。

このように見てまいりますと、赤松氏は六波羅探題である常葉北条氏の最有力被官である小串氏と鎌倉後期になんらかの関係を結んでいたと推測され、それゆえ播磨国内で一定の勢力を保持することができたのでしょう。その後北条氏、大塔宮護良親王、足利尊氏といったときの権力者とうまく関係をつなぎながら播磨の実力者として台頭していった、そういう構図が描けるようです。

◆『太平記』にみる小寺氏

小寺氏が史料上に登場するのは南北朝時代のことです。南北朝内乱を描いた『太平記』に、小寺氏は何度か登場します。

赤松入道子息信濃守範資、筑前守貞範、佐用・上月・小寺・頓宮ノ一党五百人、鋒ヲ双テ大山ノ崩ガ如ク、二ノ尾ヨリ打テ出タリケル間（巻八、摩耶合戦事）

去程ニ西七条ノ手、高倉少将ノ子息左衛門佐、小寺・衣笠ノ兵共、早京中へ責入タリト見ヘテ、……隅田・高橋ガ三千騎、小寺・衣笠ガ二千余騎に被懸立テ、馬ノ足ヲゾ立兼タル（巻八、三月十二日合戦事（六波羅攻め））

去程ニ、左中将義貞ノ病気能成テケレバ、五万余騎ノ勢ヲ率シテ、西国へ下リ給フ。後陣ノ勢ヲ待調ヘン為ニ、播磨国賀古河ニ四五日逗留有ケル程ニ、……其外、摂津国・播磨・丹波・丹後ノ勢共、思々ニ馳参ジケル間、無程六万余騎ニ成ニケリ。「サラバ軈テ赤松ガ城へ寄テ可責」トテ、斑鳩ノ宿迄打寄セ給タリケル時、赤松入道円心、小寺藤兵衛尉ヲ以テ新田殿へ被申ケルハ……（巻一六、新田左中将被責赤松事）

「摩耶合戦事」は元弘三年（一三三三）鎌倉幕府滅亡に先立って、反幕府の赤松一党と幕府軍が神戸市の摩耶近辺で合戦をしたときの記事です。赤松円心の嫡男範資に率いられた佐用・上月といった諸氏とともに、小寺氏の名前がみえます。

「六波羅攻め」も同年の記事ですが、公家の高倉左衛門佐に率いられて、小寺氏や東播磨の有力武士衣笠氏らが六波羅探題攻めに参加したことが知られます。

「新田左中将被責赤松事」はそれから三年ほどのちの建武三年（一三三六）、後醍醐天皇に反旗を翻したのち一旦九州へ没落した足利尊氏が、九州から攻め上がってこようかという時期の記事です。畿内では後醍醐方が優勢で、新田義貞が赤松氏の本拠地を攻めようと加古川から斑《い》鳩《るが》宿（太子町）まで進んできました。赤松円心は戦いの前に新田方と交渉しようとしますが、その使者として小寺藤兵衛尉という者が登場します。

このように鎌倉末から南北朝初期の段階において、小寺氏はすでに播磨国内の有力武士の一人であり、『太平記』にも名前が記されるような存在であったことがわかります。

ところがこののちの室町時代前期、とくに赤松氏が嘉吉の乱（一四四一）で一旦没落するまでのあいだは、小寺氏の活動はあまり確認できません。

応仁の乱以前の守護による分国支配は意外に脆弱なものでした。この時期、守護は家臣を引き連れてもっぱら京都に滞在していました。幕府の所在する京都こそが政治の中心だったからです。播磨守護赤松氏も府中（姫路市）などに屋形を構えて、そこで家臣たちに国内支配を仕切らせていたと思いますが、いかんせん守護自身は大抵京都にいるので、播磨国内での活動の痕跡はたどりにくい。これは播磨に限ったことではなく、河内や近江など他の諸国でもそうです。同様の理由で、小寺氏の活動の痕跡も室町前期においては史料上拾いにくいのですが、小寺氏が赤松氏の有力被官であったことは間違いありません。

◆長禄の変に際して

その小寺氏が大きな働きをしたのが、一四五〇年代に起こった長禄の変です。

赤松氏は嘉吉元年（一四四一）、ときの将軍足利義教を謀殺して幕府軍に追討され、一旦滅びました。いわゆる嘉吉の乱です。その二年後の嘉吉三年に京都で禁闕《きんけつ》の変が起こります。当時なお残存していた南朝勢力（後南朝）が内裏を襲い、三種の神器のうちの宝剣と神璽《しんじ》（勾玉）を奪ったのです。剣は東山清水寺の堂内で見つかってすぐに内裏に戻されましたが、神璽は吉野山中に潜んでいた後南朝の皇子たちのもとにもたらされました。天皇家（後花園天皇）は皇位の象徴である三種の神器を欠くことになり、その正統性を脅かされることとなりました。

こうしたなか、赤松氏遺臣団と幕府・朝廷のあいだで、神璽奪還を条件に嘉吉の乱で失った守護職を回復するという密約が結ばれ、長禄二年（一四五八）、赤松氏の遺臣団は多くの犠牲を出しながらついに神璽の奪還に成功しました。

このときに小寺氏が活躍します。当時の小寺氏は小寺藤兵衛入道という人物です。大和雑掌という役を与えられ、直接吉野に赴くのではなく、待機して大和の武士たちと連絡・交渉に当たるという役割を果たしていたようです。長禄元年（一四五七）十二月、深雪をついて後南朝皇子の御所に攻め入った遺臣たちは一旦は神璽を奪うものの、後南朝勢や郷民の反抗にあって奪い返されてしまいます。このあと大和の有力武士越智家栄の協力を得てようやく奪還に成功するわけですが、小寺藤兵衛入道は越智氏を説得して協調関係をつくりあげるのに功績があったようです。

赤松氏は神璽奪還の功績が認められて加賀半国守護として再興し、さらに十年ほどのち、応仁の乱勃発により細川方（東軍）の一武将として播磨へ攻め入って、山名氏に取って代わられていた播磨・備前・美作三カ国の支配を実力で回復していくことになります。

一旦没落した赤松氏が守護家として復活する折に、小寺氏が重要な役割を果たしたといえるでしょう。

◆戦国期小寺氏の系譜

戦国時代になると、小寺氏の動静はかなり具体的にわかるようになります。長禄の変で活躍した小寺藤兵衛入道の嫡男にあたるのが小寺則職《のりもと》と思われ、以後、則職―村職―則職―政職―氏職の五代が小寺氏直系の系譜として復元できます。いずれも藤兵衛尉を共通の名乗りにしているので、これが直系の家系であることはほぼ間違いありません。はじめは藤兵衛尉と名乗り、のち受領《ずりょうなり》成して加賀守と称するのが小寺氏の伝統だといえそうです。

◆守護赤松氏の「年寄」として

御着で姫路藩の大庄屋をつとめた天川家には、「家風条々事」という記録が残っています。いま残っている冊子はおそらくは江戸時代の写しですが、赤松則実（赤松氏庶流、幕臣）の被官白国備前守宗貞がしたためた記録で、十六世紀前半の赤松氏や播磨国内の状況を知ることのできる大変興味深い史料です。

そのなかに赤松氏の当時の家臣団構成を示す記述があり、それによると戦国時代、赤松氏の被官となった武士は「御一家衆」「御一族衆」「年寄衆」「諸侍中」の四つの家格に区分されていました。

一番格が高いのが御一家衆と呼ばれる家柄で、赤松円心の長男範資の系統を引く「七条殿」（七条家）や、代々伊豆守を称する「伊豆殿」（伊豆守家）、摂津国有馬郡の守護であった「有馬殿」（有馬家）、そのほか「上野介殿」「在田殿」など、「殿」敬称で呼ばれる、赤松円心に近い時代に分出した家柄です。これらの諸家は、徳川幕府でいうと御三家・御三卿のようなもので非常に家格が高く、しばしば室町将軍家の家臣（幕臣）の地位を得、赤松惣領家にいったん事あらば取って代わろうかという、惣領家にとっては煙たい存在でもありました。

同じく赤松氏から分かれてはいても、古い時代に分かれたために家臣的な色合いが強くなっているのが御一族衆です。「下野殿」は塩屋、ついで龍野を拠点に西播磨八郡の守護代を務めた龍野赤松氏です。下野守を代々通称にしていました。そのほか「遠江殿」「能登殿」、宇野、間島、上月、別所氏などがあり、赤松氏と血族関係のある諸家として二番目に重い家柄とされていました。守護の代官である守護代はこの御一族衆から選ばれました。

三番目が年寄衆と称される家柄で、浦上、喜多野、富田などの諸家、そして小寺氏もここに含まれます。これらの諸家は系譜をみるかぎり、赤松氏とはつながりません。小寺氏は系図類では宇野氏から分かれたことになっていますが、ほかの浦上、喜多野、富田、上原、堀などは赤松氏とは別の系譜がつくられています。赤松氏の古くからの家臣、いわゆる根本被官と呼ばれる家筋で、守護となった赤松氏のもとで分国支配に関わる様々な役職を担った、宿老（家老）の家柄ということになります。

これら以外が、「諸侍中」と一括される一般の被官です。

◆段銭奉行・納所として

小寺氏は、戦国時代には赤松家年寄として赤松氏の分国支配を支えた家柄だったわけですが、では実際どういう役割を果たしていたのかというと、小寺氏は一貫して財政を担当していました。

小寺氏が担った役職は、段銭《たんせん》奉行あるいは納所《なっしょ》と呼ばれる租税の賦課・徴収機関でした。史料上の初見は、長享二年（一四八八）に小寺則職が薬師寺貴能ともに「段銭奉行」としてみえます（『蔭涼軒日録』）。段銭というのは、国内の荘園公領に対して田地一反当たり〇〇文と、田畠の面積に応じて賦課する租税で、中世ではごく一般的な税目でした。

十五世紀の終わりから十六世紀の初めにかけて段銭奉行は二人いました。「鵤庄《いかるがのしょう》引付」（斑鳩寺文書）の明応九年（一五〇〇）条には「御着両奉行」と出てきて、薬師寺・小寺両氏が段銭奉行を務めていたことが確認されます。そのうちに薬師寺氏の名前が消えて小寺氏だけがこの職を独占・世襲するようになりました。

「御着納所」という表記も出てくるようになります。御着は播磨の政治の中心だった府中（姫路市）にも近く、山陽道（西国街道）の宿の一つで、交通や流通を掌握するうえで重要なところでした。小寺氏がいつごろから御着を拠点とするようになるのか、史料上押さえることはできませんが、御着に小寺がいたことを示す初見史料は先ほどの明応九年「御着両奉行」という記述ですから、一五世紀の終わりにはすでに御着を拠点としていたと考えてもよいでしょう。応仁の乱勃発（一四六七）にあたって赤松氏が播磨に侵攻してから程遠からぬときに、小寺氏は御着を拠点にして、守護赤松氏のもとで租税徴収の任にあたるようになったと推測されるわけです。

段銭奉行あるいは納所は国内の荘園公領から租税を徴収するわけですから、その元帳になる大田文《おおたぶみ》と呼ばれる土地台帳が小寺氏の手もとにあったと思われます。大田文がないことには、国内のどこにどういう荘園があって、領主が誰で、どれだけの面積の田畠がある、ということが把握できません。

南北朝から室町時代前期、書写山麓の坂本を拠点とする小河氏という豪族がおり、国衙《こくが》眼代という役職に就いていました。国衙というのは国司が政務を執る政庁のことで、小河氏は国衙の代官ということになります。播磨国では眼代や庁直という国衙系統の役職が南北朝・室町時代まで機能していて、小河氏は赤松満祐（一三七三〜一四四一）のころまでその職にありました。小河氏はおそらく国衙の役人（在庁官人）の家柄で、国司のもとで土地支配や徴税業務を担当し、それゆえ小河氏のもとでは大田文が管理されていたはずですが、室町時代になると国衙眼代の職は赤松氏が任命するようになります。新しく守護になった赤松氏としては、一国支配のノウハウを知っている小河氏のような在庁官人を自らの支配機構のうちに取り込んでおくことが必要だったのです。

ところが小河氏の活動の痕跡は、嘉吉の乱以前で絶えてしまいます。小河氏に代わって、国内の徴税業務という重要な役割を担うことになったのが小寺氏ということになります。小河氏の手元にあった大田文を小寺氏が受け継いだ可能性もあるかもしれません。いずれにせよ、小寺氏は単なる武将ではなくて、行政のノウハウを蓄積した家だったということです。

段銭奉行は大田文をもとに、守護役と呼ばれる租税を国内に賦課・徴収します。播磨における守護役としては、まず春と秋の年に二回、段銭が賦課されます。また夏には瓜夫という人夫役が徴収されます。守護に対して瓜を献上する人夫役ですが、国内の公家・寺社の所領から瓜などの旬の農作物を献上させることによって、この国の支配者＝屋形が赤松氏であることを認識させる、なかば儀礼的な税目です。それから八徳山三合米というのがあります。八徳山は姫路市香寺町に所在する八徳山八葉寺のこと。三合は陰陽道によると三つの星が並ぶために災厄が起きる大変悪い星回りとされていて、三合に当たるときには八葉寺で播磨一国の除災安穏のための祈祷が行われ、その費用が守護役として広く国内の荘園公領に賦課されました。そのほか、臨時の段銭や、建物数に応じて賦課される棟別銭などといった税目も確認されます。

ところで、他の守護大名家でも、宿老や年寄、あるいは右筆・奉行人といった職掌は広く認められますが、小寺氏のように段銭奉行という特定の役職を一世紀近くにわたって世襲独占した事例はあまりありません。そういう意味でも、赤松氏あるいは小寺氏は大変興味深いのです。

参考までに、ごく大雑把なものですが、戦国時代播磨における守護赤松氏の支配機構図を掲げておきます。

赤松氏 ― 奉行人	赤松氏当主の側近、事務官僚
├侍所	国内武士の統制
├御着納所（段銭奉行）―小納所（小奉行）	守護役の賦課・徴収
└守護代―郡代―小郡代	検断（警察権）、守護代役賦課

◆国衆としての自立化

戦国期小寺氏五代のうちで初代の則職と二代目の村職《むらもと》は、赤松氏に比較的忠実な行動を取りました。

則職は応仁の乱後、播磨・備前・美作三カ国の守護職を回復した赤松政則（一四五五～九六）、政則没後は養子の義村（?～一五二一）に仕えました。明応五年（一四九六）四月に赤松政則が急死した際、養子義村の家督継承を幕府に願った「一門衆・年寄」の連署状がありますが、それには赤松則貞、別所則治、浦上則宗、小寺則職、薬師寺貴能の五名が連署しています（「書写山旧記附録」）。赤松則貞と別所は両守護代、浦上は政則が幕府侍所頭人（長官）の職にあった際に副官である所司代をつとめた重鎮、小寺と薬師寺が段銭奉行で、五名は播磨支配を担っていた面々です。ところが、このの5浦上則宗の跡を継いで赤松家中最大の実力者となった浦上村宗が、備前三石や西播磨の室津を拠点として、徐々に若年の当主赤松義村と対立するようになり、義村は永正十六年（一五一九）には備前三石を、翌年には浦上村宗と手を結んだ美作の守護代中村氏討伐のために出陣します。村宗と激しく対立した小寺則職も義村方の主将として出陣しますが、美作岩屋城攻めの際に味方の寝返りのために小寺則職は戦死しました。この翌年、浦上村宗は赤松義村を幽閉し、九月には室津で殺害、義村の遺児政村を擁立して名実ともに播磨の第一人者となります。

則職の跡を継いだのが小寺村職です。村職は則職の戦死後、一時淡路島へ没落していましたが、大永二年（一五二二）秋頃、村宗の専横に反発した別所氏らとともに蜂起します。この内訌に乗じて但馬国の山名誠豊が侵攻してきて、播磨は一時、「内輪取合」「東西不和」と言われるような非常な混乱状態に陥るのですが、小寺村職は一貫して旧義村派として行動し、享禄三年（一五三〇）七月、姫路近郊の庄山合戦で浦上村宗軍と戦って討ち死にしました。

ところが三代の則職（先々代と同名です）のあたりから少々様子が変わってきます。則職が活躍するのは十六世紀半ばですが、このころから徐々に守護赤松氏のもとを離れて自立化していく、つまり、戦国大名化のような動きがみえるようになります。

則職期になると、それまでは小寺氏当主の名前で出されていた公文書が、小寺氏の家臣の名前で出されるようになります。黒田重隆（入道宗卜）と山脇職吉の二名が、主人則職の命を奉じて連名で出した文書が残っています。天文十一年（一五四二）七月に、増位山随願寺の子院である曼荼羅院が中島村に所持する耕地に賦課された麦地子（租税）を免除するという内容の文書です（芥田家文書）。これが小寺家の被官の名前で出された文書の初見で、黒田氏が孝高（如水）の祖父重隆の代には小寺家家臣であったことが確認できる点でも興味深いのですが、小寺家の家臣団（家中）が形成されていることを示している点でも貴重です。

小寺則職は、英保氏や魚住氏、芥田氏などの周辺の武士に対して感状（合戦などでの功績を褒め称える文書）も発給しています。合戦での功績を賞するというのは主人が家臣に対して行うものですから、姫路近辺の国人や土豪と呼ばれる武士層の被官化が進んでいったと考えられるわけです。

さらに御着を中心とした独自の支配領域（分領）が形成されていったようです。

御屋形様・うちの方様、ほつけさん《（法華山）》へ御座候て、小寺殿・別所殿なかわるく候ところお、ほつけさん寺にて御和をさせまいらせられ、御知行出入、其外御調被成候

（肥塚文書）

広峰山の社家肥塚盛信がしたためた、十六世紀半ば頃のものと思われる置文の一部です。小寺氏と別所氏の仲が悪くなり、赤松氏の当主（御屋形様）とその奥方（うちの方様）が法華山

一乗寺で両者の和解を図ったという記事です。小寺氏と東播磨の守護代である別所氏とが「御知行出入」、すなわち所領相論によって不和になったとありますが、おそらくは小寺氏、別所氏がそれぞれ御着城や三木城を拠点に周辺地域に対する支配を強めていった結果、両氏の支配地域がぶつかって争いが起こったのでしょう。それを御屋形である赤松氏が仲裁したと考えられるわけです。

このように、三代則職の頃から、守護赤松氏の被官という立場を徐々に相対化して自立化の動きを強めていきます。天文七年（一五三八）、出雲の尼子詮久《あきひさ》が播磨に侵攻した際には、則職は明石氏とともに守護赤松政村に対して「逆心」したと伝えられています（「赤松伝記」）。

ただ、播磨の事例が面白いのは、小寺氏は戦国大名のように完全な自立には至らなかったことです。御屋形赤松氏のもとでは、別所氏、龍野赤松氏、小寺氏、あるいは在田氏、宇野氏、依藤氏らが自立化する動きを見せ、一郡ないし二郡内外の規模で分領を形成していきますが、守護を排除してその地域の独立した大名になることはなく、播磨では最後まで守護家赤松氏の権威が残りました。これが戦国期播磨の政治的特性で、京都にほど近い播磨では、京都の将軍や天皇といった伝統的権威がまだまだ根強く残っていて、赤松氏をはじめ小寺氏、別所氏といった有力国衆たちもそうした伝統的な権威あるいは秩序意識から自由になることができなかったためと考えています。

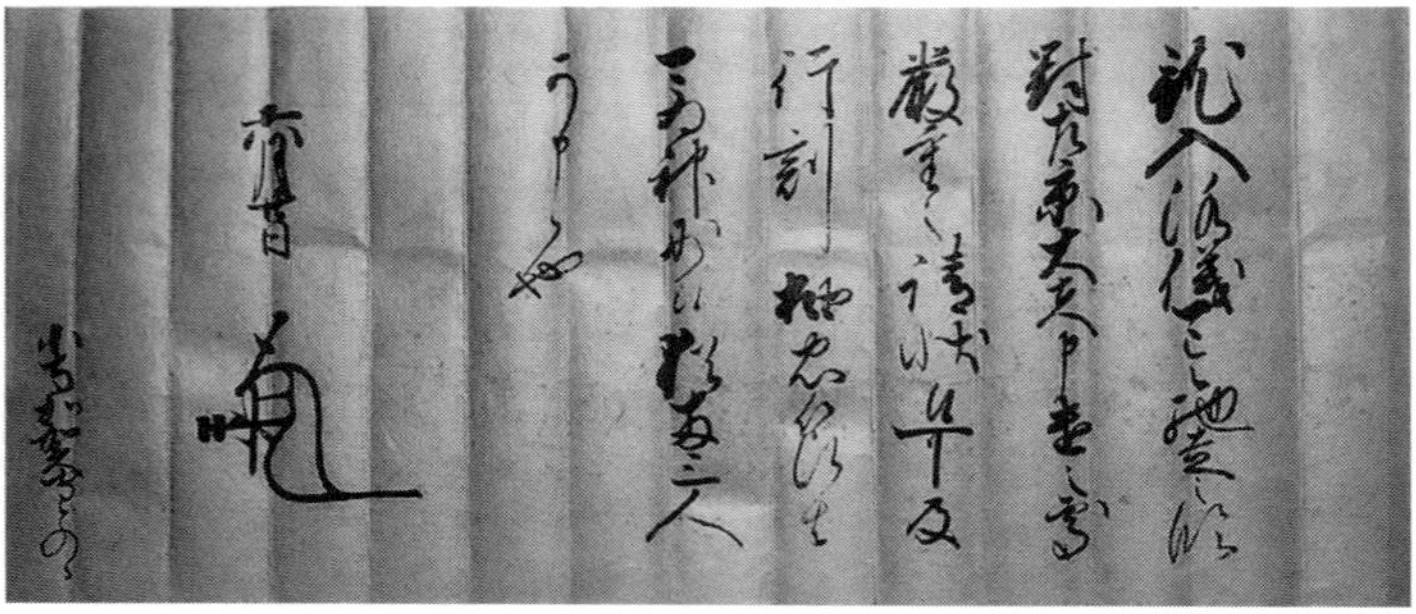

足利義昭御内書（「小寺家文書」小寺敬三氏所蔵、姫路市市史編集室提供）

◆織田政権下の播磨の状況と小寺氏

自立化の道を歩み始めた則職の跡は小寺政職《まさもと》が継承します。その政職の時代、永禄十一年（一五六八）九月に織田信長が足利義昭を擁して入京を果たします。

これに先立つ六月、義昭は赤松義祐や小寺政職らに入洛にあたっての協力を要請しています。播磨の有力者としての小寺氏の名は義昭の耳にも届いていたのでしょう。義昭の入洛後には、政職は義昭に使者を送って太刀・馬を献上しました（小寺家文書）。

翌永禄十二年八月、織田方の軍勢が播磨・但馬に進んできます。毛利家の家臣朝山日乗が毛利元就以下国元の面々へ宛てた書状によると、増位山（随願寺）、地蔵院、大塩、高砂、庄山の五つの城が陥落、小寺政職はなお抵抗中であるため、近日柴田勝家以下四将、軍勢一万五千程が派遣される予定である、などと報じられています。織田勢の播磨進出に対し、小寺氏は宇野氏や龍野赤松氏とともに激しく抵抗しました。残念なことに、織田方の勢いはすさまじく、播磨はこのあと織田の勢力圏に組み込まれてしまいます。

信長が進出してきた一五七〇年代の播磨では、守護赤松氏（政村没後の当主は義祐、ついで則房）はその本拠地に因んで置塩《おじお》殿と尊称され相応の敬意を以て遇されていましたが、実力を持っていたのは東の三木別所氏と西の備前浦上氏でした。この両氏のあいだで分領をめぐる争いも起こっており、天正元年（一五七三）には信長が別所長治と浦上宗景を仲裁しています（『信長公記』）。そうした浦上・別所二巨頭に挟まれながら、小寺政職も信長の与力大名としての道を選択します。

天正三年（一五七五）九月頃、当時毛利方であった宇喜多直家が浦上宗景の拠る備前天神山城（岡山県和気郡和気町）を落とし、宗景が小寺氏を頼って播磨へ逃げ込んでくるという事件が起こりました。これに対して信長は荒木村重を播磨に派遣して、混乱した播磨の国衆の動揺を鎮めます。十月には播磨の国衆が一斉に上洛してあらためて信長への臣従を誓いますが、赤松則房、別所長治らとともに小寺政職も上洛しているのが確認できます（『信長公記』）。

天正五年になると、宇喜多直家が龍野を攻めるなど、毛利勢による播磨侵攻の動きが目立つようになってきます。海路英賀に進出してきた毛利勢を、黒田孝高（当時は小寺姓を名乗る）を中心とする小寺勢が奮戦して破り、織田信長から賞されたのはこの年の五月のことですが、

孝高の働きぶりは主人である小寺政職を通じて信長に報告され、信長は政職に宛てて感状を出しました

わざと啓せしめ候。よって先日の御注進状、早々安土(信長)に至り言上致し候処、政職に対し御書を成され候。御面目の至り、我等においても珍重大慶に存じ候。ならびに貴所(孝高)御かせぎの趣、つぶさに上聞に達し候処、我等に対する御書中に御筆を加えられ候、(後略)

(五月十八日付小寺孝高あて荒木村重書状、黒田家文書)

信長麾下の大名として毛利方と戦う小寺氏の姿がみえてきます。

天正六年になると織田方の西国攻略も本格化し、西播磨が織田・毛利両軍の前線となります。二月に播磨入りした羽柴秀吉は三月初めには書写山に陣を張って毛利軍の動きに備えますが、このとき三木城の別所長治が叛旗を翻します。三木城に籠もっての別所氏の抵抗は天正八年正月まで二年近くにわたり、一般には三木合戦と呼ばれますが、当時の史料からは、三木の別所氏と高砂の梶原氏、明石の明石氏の三者が反織田勢力の主要人物と目されており、「国衆数多心替」と言われたように播磨国内の多数の国衆・国人たちが毛利氏・本願寺へ味方したことが判明します(「顕如上人文案」など)。

毛利・本願寺方は淡路の岩屋に進出して瀬戸内海の制海権を掌握しており、西播磨に突出している秀吉は孤立しかねない状況にありました。同様に、国内の有力武士が次々と反織田を標榜するなかで、御着の小寺氏も孤立を深めていました。小寺（黒田）孝高が信長・秀吉に信頼されていたとはいえ、当主政職の心境は如何ばかりであったでしょうか。

同年四月末に織田軍主力を率いて播磨入りした織田信忠（信長の嫡男）は神吉《かんき》城（加古川市）など周辺諸城を落とし、三木城に対しては周辺に多数の付城を築いたうえで、秀吉と交代します。その秀吉は十月に小寺政職に対して元来別所氏の知行であった神東郡の地一二五〇石を与えました（小寺家文書）。播磨における織田方の橋頭堡とも言うべき小寺氏をつなぎとめるために、秀吉もかなり気をつかっていたことがわかります。

しかしそれとほぼ同時期に、信長の有力武将として摂津を領する荒木村重が有岡城（伊丹城）に拠って反乱を起こしました。もともと瀬戸内海は毛利方が押さえていたところへ、山陽道を押さえ畿内と西国との通交を遮断することも可能な有岡、尼崎、花隈などの諸城を擁する村重が毛利方についたのです。当時、丹波地方では八上城（篠山市）に拠る波多野氏が織田軍に抗戦中でした。したがって、丹波の波多野、東播磨の別所、摂津の荒木らが畿内中央部の信長と播磨の秀吉とを分断、しかも瀬戸内海は大阪湾辺りまで毛利・本願寺勢が押さえているという、織田政権にとっては危機的状況に立ち至ったわけです。そして、小寺政職も荒木村重の謀反を

「御着城址」の碑（姫路市御国野町）

機に毛利方となりました。政治状況を考えると、十分うなずける対応です。

天正七年になると、織田軍は三木城に対する付城を増強して攻囲体制を強化する一方、「小寺藤兵衛政職居城五ちやくへ御馬寄せられ、推詰御放火」（『信長公記』）とみえるように御着城を攻撃しました。五月には秀吉が淡河《おうご》城（神戸市北区）を落とし、六月には明智光秀が丹波八上城を落としました。織田方にしてみればようやく戦況好転の兆しが見えてきたというところでしょうが、この頃、小早川隆景が小寺政職に対して「向後世上何たる変化有るといえども、見放し申すまじく候」（どういう状況になっても見放しません）という内容の書状を送って激励しています（小寺家文書）。

ただ状況は徐々に毛利方に不利に傾きつつあり、九月になると荒木村重が有岡を脱出して花隈城（神戸市中央区）へ移りました。一方、九月十日頃、御着や曽根、衣笠の諸卒が一団となって兵粮を搬入するため三木城への突入を図り、付城の一つを守っていた秀吉配下の谷衛好が討ち死にしました（『信長公記』）。いわゆる平田大村合戦ですが、御着が信長の敵方としてみえます。

翌十月末、秀吉は小寺休夢斎（黒田孝高の叔父）に対して、三木城を助命するか「ほしころし（干殺し）」にするかという自筆書状を送っていますが、そのなかで「こちゃく・志かたの事、のけさるようニいたし、ほしころしか又ハせめころし可申候」と、三木を許した場合は御着・志方両城を殲滅すると述べています（『豊太閤真蹟集』）。しかし、御着城はこの後ももちこたえ、御着城に籠もる将兵が退城したのは天正八年正月十日夜のことでした（反町文書）。小寺政職・氏職《うじもと》父子は毛利氏を頼って中国地方へ退去することになります。三木城最後の攻防戦が始まるのはこの翌日のこと、そして十八日には別所長治自刃、三木開城という結末を迎えます。

三木開城後の天正八年四月、秀吉は播磨国内で不要となった城郭を破却する命令を出します（一柳家文書）。「御着之城」も破却対象とされ、蜂須賀正勝がその担当を命じられました。小寺氏の拠点としての御着城の歴史は、ここに終焉を迎えます。

◆おわりに

播磨を退去した小寺政職は、織田信長に追放された足利義昭の滞在する備後の鞆《とも》（広島県福山市）で晩年を過ごし、その地で没しました。政職の嫡男氏職は黒田如水の招きによって筑前に移り、以後子孫は福岡藩主黒田家に仕えます。ご子孫はいまも福岡市内にいらっしゃり、戦国時代から近世にかけての貴重な古文書を伝えておられます（本田博之「『小寺家文書』につ

足利義維御内書（「小寺家文書」小寺敬三氏所蔵、姫路市市史編集室提供）

いて」（『兵庫のしおり』六所収、二〇〇四年）。『姫路市史　第九巻』史料編中世二、二〇一二年）。

小寺則職に播磨国内の段銭を従来どおり徴収するよう命じた守護赤松義祐の書状や、永禄十一年の入洛前後の時期に小寺氏に協力を要請した足利義昭の御内書（書状）と義昭の側近であった細川藤孝（幽斎）・三渕藤英・一色藤長・上野秀政らの副状《そえじょう》、さきにも述べましたが羽柴秀吉の知行宛行状など、戦国・織豊時代の古文書が二十通ほどあります。また将軍職には就かなかったものの、畿内を制圧した阿波三好氏に擁立されて和泉堺に滞在し「堺公方」「堺大樹」と称された足利義維《よしつな》（将軍足利義晴の異母兄弟）の御内書《ごないしょ》も確認されました。義維の発給文書が見つかったのはこれが初めてです。

中世播磨で活躍した武家で現在にまで古文書を持ち伝えている家は意外に少なく、有力国衆クラスになると皆無というのが現状です。小寺家文書は播磨の中世史を研究する史料として大変貴重なものなのです。

小寺氏は南北朝時代以降、守護赤松氏のもとで有力家臣として分国支配の一翼を担い、戦国時代には自立化の道を歩み始めました。織田信長との抗争に敗れて播磨を退去こそすれ、近世を通じてその家は存続し、現在にまで貴重な古文書を持ち伝えて来られました。小寺氏は、脚光があたる時期こそ限られていますが、播磨の中世史を考えるうえでは大変重要な武家ではないかと考えています。

黒田家先祖探しの旅

——姫路心光寺の発見

横田武子

◆はじめに

戦国時代の戦乱の中で、先祖から伝来した什器や文書類は散逸して、家柄を示すものも失われていきます。特に武家社会では、天皇家との距離が重視され、宇多源氏・清和源氏、さらに藤原や橘家といった名家の子孫であることが、庶民との関係に差別を示すことになりました。黒田家では、藩祖孝高《よしたか》や長政《ながまさ》は、宇多天皇を祖とする近江源氏の末裔とする「源姓」と石碑や墓碑に刻まれる一方で、「橘姓」や「藤原姓」を名乗ることもあり、一定していません。

それが、「宇多源氏」と固定したのが、寛永十八年（一六四一）に、江戸幕府の命令で編纂された『寛永諸家系図伝』でした。その後藩は、寛文十一年（一六七一）に、貝原益軒《かいばらえきけん》に命じて藩祖孝高・初代長政譜の編纂に着手して元禄元年（一六八八）に浄書が完了しました。これが「黒田家譜」の始まりでした。しかし元禄末に幕閣の家譜の求めに応じて、あらたに書き改めることになり、益軒の高弟で藩儒の竹田定直（春庵）を中心に作業が進められ、宝永四年（一七〇七）に完成しました。これが藩の公式歴史書になりますが、その後も竹田家を中心に、家譜の編纂は継続しました。こうした黒田家の家系の調査は、当然のことながら家臣団に多大な影響を与えます。黒田家との関係の深さ・古さ・忠義・武功は、家格や家柄を左右しますので、家臣たちは祖先の歴史を調べ、家伝を編み始めました。

その後、幕府は寛政元年（一七八九）に、各大名に系譜の提出を命じましたが、その前後から藩では、黒田家の先祖調べのために何度も藩士を姫路に派遣しています。その結果黒田家のルーツがどのように解明されたか、幕府に提出された系譜と、重臣の家で編まれた黒田家先祖の記録、黒田家先祖の調査に廻った藩士の記録を紹介します。

◆『寛永諸家系図伝』

まず『寛永諸家系図伝』から始めます。

幕府から諸大名に「先祖からの系図を日光山（家康を祭る）に納べし」との通達があり、藩は、藤原惺窩《ふじわらせいか》の門人で尾張藩の儒学者堀正意《ほりまさおき》に系図を依頼しました。藩の担当者は竹森清左衛門《たけもりせいざえもん》と大塚権兵衛《おおつかごんべえ》ですが、竹森清左衛門の父は竹森石見次貞で、黒田家二十四騎の一人に数えられた人物です。祖父は播州揖東《いっとう》郡大野郷の日岡大神宮の社職でしたが、永禄二年（一五五九）、まだ小寺を名乗っていた黒田職隆《くろだもとたか》に仕えたという、福岡藩でいう大譜代の家です。清左衛門貞幸は一時長政の怒りに触れ、姫路に帰り竹ノ森庄助と名乗りましたが、関ヶ原の合戦に駆けつけ、その軍功により近仕が許され、後二千五百石を拝領、旗奉行を勤めました。島原の乱では、黒田家臣として一番乗りして旗を立てた人物ですから忠之までの黒田家の歴史をよく知る家臣で、系譜作りの担当は適任だったと思います。

系譜作りの様子は、忠之の近習黒田源兵衛・甚太夫兄弟に宛てた、清左衛門・権兵衛の書状である程度状況がわかります。この時は老中酒井忠勝から、孝高や長政の軍功、忠之の島原の乱の手柄などの書き方についていろいろ指示されています。結局、秋月藩主黒田甲斐守や、大譜代の井上九郎右衛門の子で、長政の娘菊の夫幕臣井上淡路守《あわじのかみ》庸名《つねな》にも相談の上、「末代までの御家の御系図」のことであり、「御系図はおもく書申し候、まき物はかろく書申し候」との方針が決まりました。

系図伝の前書きには、黒田家は、宇多源氏「佐々木の族《ぞく》なり、識隆《のりたか》（職隆）はじめて小寺氏《こでらうじ》となる。小寺は、村上源氏赤松《むらかみげんじあかまつ》の族なり。孝高《よしたか》にいたりて黒田の本氏《ほんし》に帰る。忠之《ただゆき》はじめて松平《まつだいら》の称号をたまふ。」とあります。宇多天皇八代秀義《ひでよし》［佐々木三郎］から始まり、氏信《うじのぶ》［京極］から宗満《むねみつ》［黒田左衛門尉四郎］に至り、高宗《たかむね》まで続きますが後は中絶とされ、続いて重隆《しげたか》「黒田下野守《しもつけかみ》　生国備前。赤坂郡福岡《あかさかこほりふくおか》後に赤松《あかまつ》につき播州姫路にあり　永正《えいしょう》五年に誕生。永禄七年二月六日、五十七歳にて死す。法名宗卜《そうぼく》」と記しています。

さらに続けて、識隆《のりたか》「美濃守《みののかみ》　生国播磨姫路。時に小寺藤兵衛政識《まさのり》、数千騎をしたがえて威を近国にふるう。識隆これにつゐて度々軍功あり。このゆへに小寺の同名《どうみょう》となる。政識死して子なし。其勢ことごとく識隆にしたがふ。天正十三年八月二十二日、六十二歳にして死す。法名宗圓《そうえん》」。以下、孝高「小寺官兵衛　（以下略）」・長政「吉兵衛　甲斐守　筑前守　（以下略）」・忠之までの経歴や軍功が書き上げられています。家紋は藤の丸内三橋で、今は白餅を用いる。

旗の紋は中白。

寛永期の黒田家の歴史認識が伺われますが、ここで注目されるのが、重隆の生国は備前になっており、そのために系図の上で高宗から重隆の間が中断しています。これでは佐々木庶流京極家と黒田家との接点がありません。

これに異を唱えたのが貝原益軒で、『江源武鑑《こうげんぶかん》』の記述をもとに、堀正意の間違いを指摘しています。まず『江源武鑑』に黒田家がどのように書かれていたかを説明します。

◆『江源武鑑』にみる黒田家

『江源武鑑』は、天文六年（一五三七）から元和九年（一六二三）に至る江州佐々木氏代々の日記で、編者は佐々木六角氏郷（一説沢田氏郷）とされます。版本が出たのが、元和七年、寛永四年（一六二七）、明暦二年（一六五六）で、その後も刊行され、内容にも違いがあるようです。最近の研究では、編者の佐々木氏郷が確かに実在したという裏付けがとれない事と、人名に違いがあるということで疑問視する向きもあるようですが、『黒田家譜』に引用されているので、黒田家に関する記述を紹介します。

天文十三年（一五四四）十一月十五日、佐々木の居城観音寺山に残った黒田大学頭宗綱《くろだだいがくのかみむねつな》が黒田の祖宗清から伝来の太刀を屋形に献上したが、返された。以前（永正八年）に高政が、舟岡山の合戦で軍令違反の先駆けをして、公方足利義植《あしかがよしたね》公から咎められたのを屋形の詫びで許されたその礼でした。宗綱は近習として仕えていましたが、その後、武功により津田城に置かれ、旗頭に加えられました。

その後天文二十年（一五五一）三月に観音寺山で武備百人一首の和歌を寄せる会が催されました。将軍義輝《よしてる》・管領義實《かんれいよしさね》・細川晴元《ほそかわはるもと》・京極高吉《きょうごくたかよし》・浅井祐政《あさいすけまさ》などに混じって黒田重隆《しげたか》も参加したそうです。その二年後の十二月十日に、備前赤坂の城に住む黒田下野守重澄《しげすみ》（重隆か）から、備前の加地《かち》と、飽浦《あくら》の争論があり、合戦にまで及んだという使者がきました。重澄は黒田高政の二男で、元祖宗清の七代の孫にあたるそうです。

永禄三年（一五六〇）の二月六日に、黒田氏下野守重隆が五十七歳で逝去の知らせが届いています。重隆は備前赤坂福岡に生まれ、父黒田右近太夫高政は、江州旗頭の一人であったが、屋形高頼《たかより》の下知に背いて近江から去ったと記されています。同年の五月十日に尾州の織田信長から、今川義元《よしもと》が近日数万騎を率いて上洛するので、その道を塞ぐ加勢の依頼がきた、との記述があります。佐々木高頼に援助を求めたかどうかは別として、これは永禄三年に起きた史実です。また、『寛永諸家系図伝』では、重隆の生国が備前の赤坂郡福岡であったという記述は一致していますが、卒年が諸家系図・黒田系譜共に永禄七年二月六日になっています。私が引用した『江源武鑑』は明暦二年に刊行された本の翻刻本（名著出版）です。

◆貝原益軒著『黒田系図』・『黒田家譜』・「備播路記」

貝原益軒《かいばらえきけん》（一六三六～一七一四）の諱《いみな》は篤信《あつのぶ》、通称は久兵衛、初めは損軒、晩年には益軒と名乗りました。益軒は儒学者・博物学者で、『大和本草』や『養生訓』をはじめとして、現在でも愛読される多くの著書を残した人です。先祖は、備中一の宮の吉備津神社の神官でした。

祖父宗喜《そうき》、通称市兵衛は岡山を出て、播磨の黒田孝高・長政に仕え、家禄百五十石を拝領。『黒田家譜』によると、小身ながら孝高や長政の信頼も厚く、慶長五年には合戦の準備に浪人を三千六百人ほど抱えますが、その軍資金を市兵衛は孝高から預かり、その後も合戦中の城番を勤めています。父寛斎《かんさい》は藩の祐筆役を勤めていたようで、益軒は福岡城内の東邸で五男として生まれました。成人すると十九歳で忠之に御納戸御召料係りとして出仕しますが、忠之の怒りに触れ浪々の身になります。その後は長崎に遊学し、中国から運ばれた最新の儒学書を読み、医学の修行をしています。

益軒に転機が訪れたのが三代藩主光之からの出仕命令でした。明暦三年（一六五七）に京都遊学の命を受けて、七年にわたり藩費による学問修行を続けました。その間は儒学者木下順庵や稲生若水《いのうじゃくすい》、史家松下見林《まつしたけんりん》などとの広い交流関係を持ったようです。その益軒に『黒田家譜』の編集の命令が下りました。その後も『黒田家臣伝』・『黒田家臣由来記』・『筑前国続風土記』を著述しますが、これは家臣の家意識を高め、家伝を残すことにつながりました。

益軒は『寛永諸家系図伝』について、「堀正意の記す所詳らかならず誤り多し、且つ、高宗と重隆の間を断絶と称して高政のあるを知らず、故にその世系つづかず。是又確かなる伝記を考えて改め記す」と、家譜の凡例に書いています。益軒は系図に断絶と書かれた事が気に触ったようですが、『江源武鑑』を引用して、高政が近江観音寺山の屋形佐々木氏大膳太夫高頼に仕え、後に備前に移った事跡を追加して、重隆と結び系譜を続けました。

しかし系譜を書いた段階では黒田の祖がいた場所を特定できませんでした。家譜では「黒田の元祖宗清初めて江州伊香《いか》郡黒田の里に住す」、「黒田の里は餘湖《よご》の海のあたりにあり」と書いています。さらに、重隆については、「江州黒田の邑に生まれ、いとけなふして父に従い、備州福岡にうつらる」と朱筆で追加。前述したように、福岡村が赤坂郡となっているのを「赤坂郡にあらず」と、邑久《おく》郡（現長船《おさふね》町）に訂正しています。また高政の項では朱筆で「大永三年卒せらる」と追加しています。

「源姓黒田氏系譜」では、宇多天皇を祖として佐々木氏から六角・京極と分かれ、宗清から黒田に枝分かれしていく家系図に、高政―重隆―職隆―孝高―長政―忠之―光之と続き、その兄弟の系譜もくわしく書かれています。ただ職隆の弟は高友（小寺休夢）と友氏（井手勘右衛門）だけで、末弟の重孝（松井惣八郎清任）の名前はありません。

福岡が赤坂郡ではなく、邑久郡にあるという訂正は、実際に現地を歩いて確認してのことでしょう。藩は家譜執筆のために、益軒に潤沢な資金を与えて調査を命じましたが、元来旅行好きで、その紀行文を多く残しています。御子孫の記録によれば、旅行した人に聞いて書くこともあったとか。これらは京都の書店の勧めもあったようで、歩行による旅の時代に迷わないように、分かりやすく行き届いた旅行記になっています。

貞享元年（一六八四）正月に、幕府から「三河記」（徳川家記録）の校訂のために、将軍からの御感書や書をその委しい理由を書いて提出するように通達がありました。藩では黒田家の先祖の勲功も多く、御感書の解説を貝原益軒に書かせて、江戸に持参させました。その帰りに長政の戦功や事歴の調査も兼ねて、美濃や関ヶ原の古戦場を廻り、播州高砂で下船して陸行、加古川を通り、姫路城を眺め、書写山を通り、揖保郡・宍粟郡を通り室に着、上船して五月に帰郷しました。元禄元年（一六八八）にも藩の命令で上洛し、竹田定直や甥の貝原好古等と同行し、福岡を出発し、備州下津井から陸行で岡山・姫路を経て大坂に到着。この頃は『筑前続風土記』をつくる準備を始めた時期でもありました。年代が書かれていませんので、断定はできませんが、「備播路記」とは旅程が一致していますので、この中から黒田家関連を抜き書きします。

「備播路記」では、備州下津井で船を下り、備中加陽郡《かやぐん》・岡山に行き、池田光政の建てた学校を見学して、さらに福岡村や長船を通り、備前和気郡片上の北にある浦上の城を見学。播州に入り、赤穂郡赤松村では赤松や小寺・衣笠の位牌を見て、青山、御着を通り、三木城跡から明石に出て大坂に到着しました。備前福岡村（岡山県長船町福岡）については、「吉井川の東南に福岡村あり、邑久郡也、吉井川に近し、其村に昔黒田高政・重隆・識隆、居住したまいし宅あり、昔黒田定玄《じょうげん》とて如水公のおぢ有、其子孫今は村の庄屋なり、黒田太郎左衛門と云う」と記しています。御着（姫路市）については、「御着の町の北の傍らに小寺氏の城地あり、堀も少し残れり、同町に圓明寺あり、天台宗也、今の住僧の師僧小寺政識の改《（ママ）》名を位牌に書付ると云、庄屋の裏に小寺屋敷の跡有、其所にほこらあり、其書付に小寺君大明神とあり」と、あります。

　ここで注目されるのは、心光寺に関する記述がないことです。家譜には最初他の寺の名前が書かれていたようで、それを「心光寺」と訂正したのは後のこと、この段階では正確な事は分からなかったようです。

　貞享二年（一六八五）に光之の参勤交代に随行し、三月には江戸を出て、日光・美濃路（中山道）を通り、敦賀から、関ヶ原の戦いで敗走した島津の退却路や、歴史に名高い伊吹山・不破の関を見て、柏原から醒ヶ井《さめがい》（現米原市）に着。「醒が井の宿は山中也、北に川あり、其の川上に黒田村有」と記し、長浜から六里離れたこの場所の由緒や名所を紹介しています。この後観音寺山の観音堂の上に佐々木氏の城があること、安土の信長の城跡を眺め、伏見に着き、六月に福岡に帰りました。この紀行文は「木曽路記」として判本になりました。

益軒が黒田家の発祥の地と断定した湖北の伊香郡木之本《いかぐんきのもと》に赴いたのは元禄二年（一六八九）の事です。一月に京都を発った益軒は、名所旧跡を見学しながら、関ヶ原から小谷を通り、木之本到着。「木之本より北へ少しゆけば、道より西に黒田村あり。是黒田の元祖佐々木黒田判官宗清の在所也と云う。当国の内、醒が井の辺にも黒田村あれども、黒田の祖の在所は、木之本の辺の黒田村なり」（『続諸州めぐり』）と、書いています。土地の人から宗清の在所があったと聞かされた益軒は、黒田家のルーツと断定しました。

高政・重隆親子が福岡村に移ったのは永正八年（一五一一）で、大永四年（一五二四）職隆が生まれてすぐ播州に移りました。翌年高友（職隆弟・休夢）が館野（たつの市）で生まれています。益軒が福岡村を訪れたのは、元禄の頃で、およそ二百年近く経過したことになります。ここでも屋敷跡の有無で決断したようですが、重隆父子が福岡村に住んだ期間は十年余りのことです。

このようにして、黒田家の発祥の地を伊香郡木之本とし、長政が、慶長六年（一六〇一）に、福岡城の名前を、「高政・重隆父子共に、備前国邑久郡福岡の里の人なれば、基本を思い出て先祖の住所の名を用いて名つけ給う」と、断定しました。貝原益軒は『黒田家譜』で黒田家の歴史を作りました。これ以後、将軍家の代替わりごとに出される黒田家当主の明細書には、

「本国近江」と記され、現在に至るまでこの説は受け継がれています。

この『黒田家譜』の上梓直後、正徳二年（一七一二）、藩主宣政は五着（御着）に泊まり、天川久兵衛屋敷内に昔の城跡があり、そこに祭られた位牌を上下着用で参詣しています。その位牌には「古本上誉縁空大禅定門」とあり、初尾銀三枚を社納、五着の宿主にも白銀五枚与えています。（『長野日記』）。この位牌は、だれを指すのでしょうか。

また藩は『黒田家譜』執筆のため、家臣に家伝来の文書を提出させました。五十年程前の黒田騒動や島原の乱の記録を集め、古老に確認するなどしたようですが、分からない事も多かったようです。家伝を残した大譜代（播磨以来の家臣）吉田家（本姓八代）と久野家の文書から、黒田職隆に出会った状況を抜き出しました。

◆職隆時代から仕えた家臣吉田家―十八世紀初期の記録

『吉田家傳録』の著者吉田家五代当主七左衛門治年（一六六〇～一七三九）は、家老として権力の中心にいました。享保六年（一七二一）、六十二歳で隠居すると直ちに吉田家の歴史の調査に着手します。吉田家では播磨時代から仕えた譜代の家の間で姻戚関係を結んでおり、各家の由緒を尋ねるのに都合がよく、公開をしない事を前提に編んだ私史を内容豊かなものにしています。吉田家には、吉田久太夫利安が初期に老士からの伝聞を集めた「大略記」があり、それを基に、『黒田家譜』や能勢頼実の「黒田年譜」などを参考にし、さらに姫路の心光寺住職や商人に調査を頼み、自らも姫路に足を運んでいます。

吉田家の祖は赤松の家臣でしたが、本姓は八代氏で始祖八代内蔵丞道重《やしろくらじょうみちしげ》は飾東郡《しきとう》出水に住む。その弟が八代藤三郎道嵩《みちたけ》で置塩《おしお》下町に住み、その子八代六郎左衛門道慶《どうけい》は小寺氏に仕えたと書かれています。これは姫路心光寺廓誉《かくよ》が播陽の旧記から書き抜いて知らせたものです。この道慶については、吉田治年は播州の旧跡を巡るごとに、八代村近辺の寺院に入って、永禄・元亀・天正時代の過去帳を調べました。その道慶の子が吉田壱岐長利《ながとし》（一五四七〜一六二三）で、飾東郡八代村に生まれ、孝高とは乳兄弟でした。吉田長利は、職隆・孝高・長政に仕え、数々の合戦で武功を立て、黒田二十四騎のひとりに数えられています。

『新訂　姫路城史』の年表によると、八代道慶は天文元年に御着城に移った小寺則職の命令で姫路城の留守居となり、同十四年（一五四五）に黒田重隆（当時小寺姓）と交代したようですが、二百年近くも経ると、こうした事もわからなくなったようです。

その黒田家の先祖の墓所捜しを吉田治年が勘定奉行の小寺藤太夫に命じたのが、正徳五年（一七一五）のことです。小寺家の末裔藤太夫は、寺の名前が「山光寺」と語り伝えられていたために、姫路の城下を尋ね歩いた末にやっと、職隆を祭るという実貞山摂取院心光寺にたどりつきました。

心光寺について、僧廓誉上人の話で、小寺美濃守職隆宗圓が播州飾万妻鹿国府山《しかまめがこうやま》に在城の時に、菩提寺として同郡佐土村の内に開基したことがわかりました。その後池田氏が姫路の城を広めるために今の坂田町に寺地が移されたことが判明。しかし職隆と夫人の位牌はありますが、廟所の所在は分かりません。また姫路総社伊和大明神は黒田家先祖の産土神ですので、心光寺には御月忌料として銀二十枚宛て毎年寺納、伊和大明神には銀十枚宛を寄進することになりました。

この頃、備前国岡山難波町の黒田正庵と名乗る行脚僧が、近江源氏佐々木判官の後裔で、黒田家の惣領家であると、家系図と数々の重宝類の目録を持ち込んでいます。目医者を家業として、祖父黒田四郎左衛門は、福岡村に住み、多くの田畑を所有していたとの話です。吉田治年は早速家老中と話し合い、結局紗綾十巻を贈って済ましたようです。

黒田家の先祖捜しに話を戻しますと、享保十一年（一七二六）の心光寺廓誉の手紙によると、黒田（小寺）美濃守職隆がいた妻鹿国府山は飾東郡にあり、昔は妻鹿孫三郎の城跡で、古城の跡がある。職隆宗圓の廟所については、御着にあるのは小寺藤兵衛尉政職の墓で、居城の跡は今は天川久兵衛の屋敷になっているので、久兵衛が社を建て地神を祭り、位牌にも小寺藤兵衛政職と書いてあり、職隆の墓は分からないとのことでした。さらに北条村（姫路市）の記録によると、職隆が取り立てた者がいて、黒田の名を名乗らせ、黒田六郎左衛門、先祖の氏を藤原氏、紋は「丸の内三引裏紋藤巴葉を入」を与えました。その後は代々黒田を名乗り、近年まで大庄屋役を勤めていた、とのことです。

また、黒田高政の三男佐々木与右衛門についての記録があります。系図では江州に住んでいることになっていますが、佐々木与右衛門の子は、佐々木小兵衛で播州の加う山（国府山《こうやま》か？）に住み、職隆に仕えていたが、土器山《はじやま》の戦いで戦死。小兵衛の妻は尼子氏の娘で、小兵衛の遺言によって職隆に嫁ぎ、黒田図書ノ助直之と、後に一ッ柳伊豆守の室になった娘を生みました。小兵衛との間に生まれた子は、母が尼子氏から母里氏に改名したため、母里雅楽ノ助義時と名乗りました。孝高から実の弟同様の扱いを受けていたそうです。

この吉田治年が昔の事を色々尋ねたのが、姻戚関係のある久野家でした。

◈久野家の史料にみる黒田家――十九世紀初期の記録

久野家の先祖は赤松氏に属し、赤松政則の播州入国以後、政則の麾下に属し、揖東郡の久野村に住み、後に久野と改名しました。その後大永元年（一五二一）に赤松晴政と不仲になり播州御着城主小寺加賀守則職の麾下に入りました。重隆・職隆親子との付き合いは、天文十四年（一五四五）ころから始まり、久野重敬の兼（金）釣瓶城にもしばしば訪れていたそうです。その後も孝高に仕え、合戦で武功を挙げ、側近として常に身近に仕えました。黒田二十四騎の一人である久野重勝（一五四五〜九二）は、孝高の命で、戦乱で荒れ果てた博多の町を、古井戸の所在を調べて町割をし、博多再建に貢献した人物です。

久野家の家伝の編輯は、明和六年（一七六九）に、久野四兵衛一徳が「久野正統系図」を作成したのを皮切りに、慶長期から代々の年譜を編んでいます。これには能勢頼実の「黒田年譜」も参考にしたようです。後述する、寛政六年の黒田家古跡調査を命じたのは家老久野外記ですが、文化人で、藩政の実力者でした。久野文書「黒田御家御由緒記」の中から、高政・重隆・職隆・孝高までの事跡を簡単に紹介します。

△高政　幼名黒田四郎　後右近太夫

黒田備前守高宗の嫡子。江州伊香郡黒田村近郊を領地。本家江州箕作《みつくり》山（神崎郡五個荘町）の城主佐々木大膳太夫高頼（六角氏）に附属。永正八年（一五一一）、将軍義澄の命により、佐々木高頼並に嫡子近江守氏綱、阿波国細川右馬頭政賢と共に、京都の舟岡山で足利義植・大内義興の軍勢と戦った時に、高政が手勢を引率して先駆けしたことから、軍令違反を佐々木高頼から糺明され、江州を去りました。その頃備前領主は赤松政村で、佐々木と赤松とは旧好の間柄だったので頼ったようです。

将軍義澄は八月に死去、結局負け戦になりました。戦った相手が足利義植で、後に将軍になった人物ですので、敗走せざるをえなかったのでしょう。高政が仕えた屋形が六角であり、観音寺山を居城とした佐々木六角であったことは、『黒田家譜』に記されています。大永三年高政は逝去。葬所も法号も不明。定紋は四ッ目結。

△重隆　下野守

永正五年（一五〇八）、伊香郡黒田村で誕生。父高政の死の翌年、十七歳になった重隆は生まれたばかりの二男源五（後職隆）を連れ、備前福岡村から播州北条村に移住します。その後同国井ノ口谷に移り、播州御着城主小寺加賀守則職を頼りました。その後は妻鹿国分山の城を乗捕え、修復して居城にしました。正室はわかりませんが、備前の三雪という金持ちの娘を妾にして播州に移り、職隆・高政・井手勘七友氏が出生。その後も渡辺玄蕃の娘との間に黒田惣八郎重孝が生まれました。永禄三年（訂正して七）二月六日、国分山で逝去、享年五十七歳。同山の麓にある曹洞の禅寺で葬送。法号「春光院殿松岩宗卜大居士」。後年姫路城下浄土宗心光寺に霊牌は安置。定紋は四ッ目結ですが、永楽銭を用いることもあったようです。

△職隆　幼名源五、後甚四郎　小寺藤左衛門尉　美濃守　宗圓

大永四年（一五二四）、邑久郡福岡村で誕生、天文八年（一五三九）、十六歳で小寺加賀守則職に随従し、氏と諱をもらい小寺藤左衛門尉職隆を名乗りました。次第に武威を重ね、小寺の計らいで、井ノ口谷から姫路城に移住し、美濃守と改名します。姫路城は応仁年中（一四六七～六九）に赤松播磨守政則が居住、文明元年（一四六九）に政則は同国置塩山に新城を築き、

居城にしました。その跡は政則の氏族小寺伊勢守豊職を城代にしましたが、その子が小寺則職です。赤松政則が置塩城で病卒するとその子赤松政村が備前・播磨・美作三ヶ国の領主となり、そこに高政が頼ったようです。しかし政村の死後には赤松左京太夫晴政が相続しますが、次第に威力も衰え、晴政と小寺則職は袂を分かち、則職は勢力を広げ、居城を御着に移し、姫路城の城代として職隆を置いたとのことです。

それ以来姫路城は職隆の居城となります。職隆は若年より多くの武功を挙げ、その中でも永禄十年（一五六七）の播州青山での龍野城主赤松政秀との合戦で、先鋒を勤めた職隆・孝高の武勇により勝利し、同十二年の土器山の戦いも勝利。その後姫路妻鹿国分山に移住して、天正十三年（一五八五）八月二十二日に逝去しました。享年六十二歳。法号「心光院殿満誉宗圓大居士」霊牌は心光寺に安置。定紋四ッ目結、または三ッ橋ノ内藤巴を用いる事もあったようです。

職隆初室、明石城主明石備前守正風娘、再室神吉氏、再々室雲州尼子の娘、職隆の従兄弟佐々木小兵衛に嫁ぐが、小寺則職に追従し土器山の一戦で戦死により、職隆に嫁ぎます。

△孝高　幼名黒田万吉　後小寺官兵衛尉　其後本姓黒田勘解由　如水

職隆嫡男で、天文十五年（一五四六）十一月二十九日播州井ノ口谷で誕生。天正年中、他家が毛利家に隋従する中で、孝高は江州安土城織田信長に随従し、中国攻めの時、羽柴秀吉に姫路城を提供、孝高は職隆ともに妻鹿国分山に移り、程なく宍粟郡山崎城に移りました。(以下省略)。慶長九年三月逝去。享年五十九歳。法号「竜光院殿如水圓清大居士」定紋は最初は三ッ橘内藤巴、中頃から藤巴を用いましたが、時には永楽銭を使ったそうです。

△長政　幼名黒田松壽　後吉兵衛尉　その後甲斐守　筑前守

永禄十一年(一五六八)十二月三日、姫路城で誕生。天正十一年(一五八三)志津ヶ嶽初陣、同十二年泉州岸和田城根来雑賀の一揆勢との一戦で武功、同十五年日向耳川一戦に武勇を挙げる(以下省略)。元和九年(一六二三)八月四日京都で逝去。享年五十六歳。法号「奥雲院殿古心道卜大居士」。定紋白餅又は藤巴も用いました。

◆黒田家墳墓捜し　「姫路御古墓記」

天明四年(一七八四)。播州心光寺入誉から、職隆の墓が飾東郡妻鹿村で見つかったという連絡が入りました。それまで位牌は心光寺に安置されていましたが、その墓所は分かりませんでした。早速藩は家臣を調査に向かわせ、その報告をもとに家老久野外記の指示により、墓所が建立されました。普請奉行櫛田甚内で、完成までの記録を記したのが「姫路御古墓記」です。この文書の所蔵者斉藤五六郎は文化期には右筆所詰めの家譜担当の中老格を勤めた人物で、黒田家に関する史料を多く所蔵しています。江戸詰が長く、藩の記録を筆写したのでしょう。

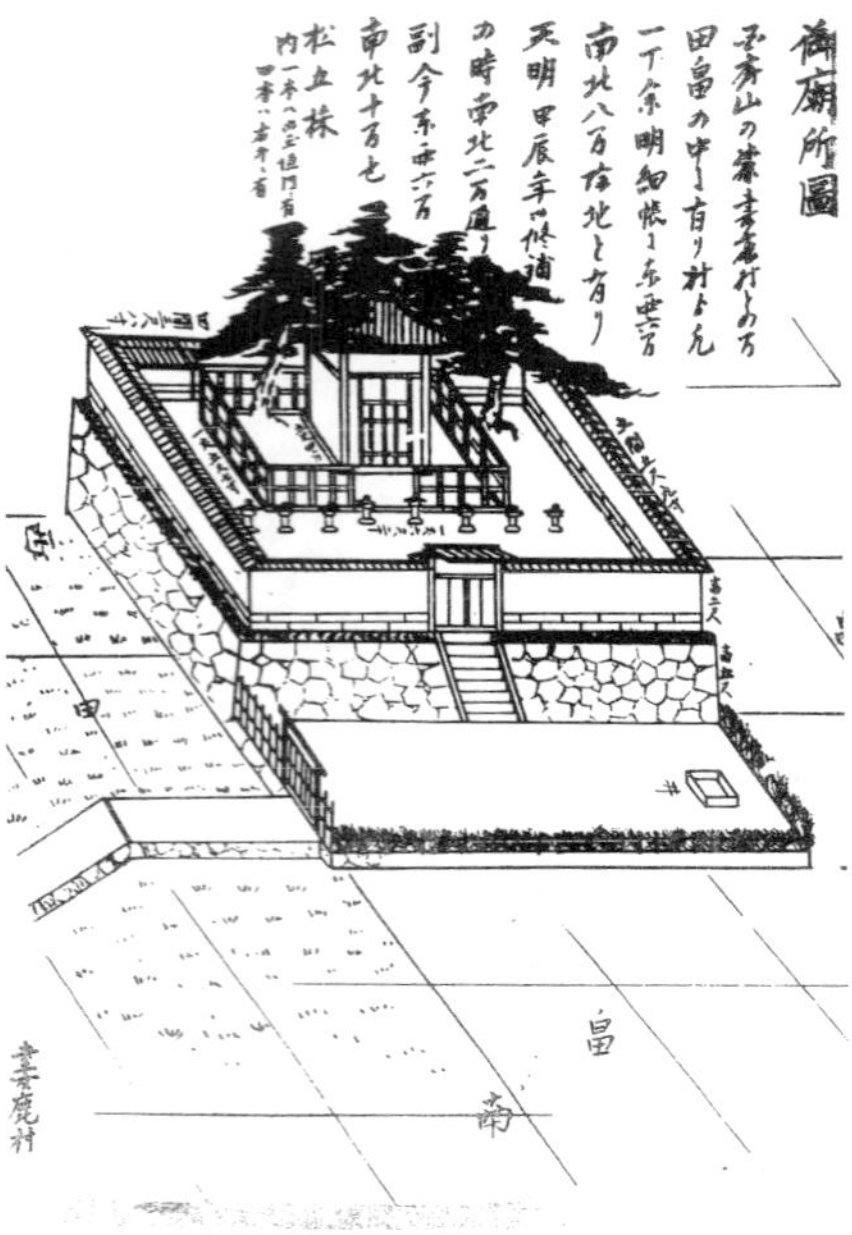

御廟所圖（「姫路御古墓記」斉藤文書・福岡市総合図書館寄託）

使用する石は藩内の那珂郡片縄の石を切り出し、若松から三十八挺立の船で姫路に運びました。

その完成図を表示します。「御廟所図」の説明では「国府山の麓、妻鹿村との間田畠の中に有り、村より凡一丁余、明細帳に東西六間、南北八間除地と有り、天明四辰年御修補の時、南北二間直り、副今東西六間、南北十間也、松五株」とあります。棟札は儒学者亀井南冥が書きました。建立する時に近くにあった墓石は北山の麓に改葬しましたが、百六十人の人夫賃や材木代など相当の費用を負担したようです。

家譜によると、この以後心光寺には毎年米八十俵、銀子二十枚を寄進することになりました。また、姫路本陣国府寺次郎左衛門の先祖は、代々姫路に住み、昔職隆が姫路に在城の時には、職隆に心を寄せ、城に参上した人物でした。こうしたいきさつから、次郎左衛門は石碑修補にも心を尽くし、協力したのでこの後は五人扶持（二十四石六斗）を贈ることになりました。
古墓記によると、重隆など黒田家先祖の廟所を調査するように命じられ、そのために心光寺心誉に尋ねましたが、姫路近郊や播州多可郡黒田村も調べたが、分からないとの事。また、現在は坂田町にある心光寺が最初に建てられた地、佐土《さづち》の調査をするとのことでした。家臣は寺の過去帳を調べ、播州旧記の抜き書きを転記していますので紹介します。
播州総社伊和大明神の棟札には、藤原朝臣小寺美濃守職隆の名で、永禄十年（一五六七）に、朽ち果てた拝殿や門を、君臣家門繁昌、武運長久、諸人快楽のために寄進したという銘文があります。天正十一年（一五八三）十月には小寺宗圓の名で社領百石を寄進していたようです。
また前述した国府寺次郎左衛門の家筋由来として、元亀元年（一五七〇）に黒田の名字を黒田美濃守から与えられ、惣目代役に任じられました。孝高と職隆から黒田の名字を名乗る条件として、翌年六人の百姓頭に対して左の通達をしました。
一他国の出陣用捨の事　付り　留守番の事
一当国中陣付の事
一大事小事見放すべからず
この六人は西城戸・北条・国府寺・福中村・津田村の住人であり、この村々は当時職隆父子の領地ではなかったかと、私は推測しています。姫路北条門より十丁程東南にあたり、妻鹿村の道筋にあった飾東郡北条村の黒田六郎左衛門の事は、前述した五十年前の『吉田家伝録』の記録と一致します。ここでは筑州の御先祖を氏神にしているそうです。この文書にはいくつかの古書からの抜き書きがありますが、その中に「小寺美濃守職隆公、永禄年中再興、小寺氏多可郡黒田村の御生縁なり」と、多可郡の黒田村で生まれたという記録があります。

「赤松諸家大系図」によりますと、明応四年（一四九五）に誕生した小寺加賀守政隆（「則職か」になっています）は、多可郡黒田村に居を移し、「妻ハ小寺職隆一才の時、別ニ住ス養育スル也」、黒田村・石原村を支配し、永正十六年に姫路へ移住したとあります。系図では政隆の子のうち兄が職隆、その弟が政職になっています。小寺職隆は猶子になっていたのでしょうか。

◆寛政六年・八年の古墳捜し「遊播遺稿」

「遊播遺稿」の記録によると、寛政五年（一七九三）七月、心光寺の入誉より、同国御着駅天川久兵衛の宅内に御部屋跡という地があり、いぶかしく思いその地を掘り返すと、誌文のある石蓋が二枚あり、その下に二つの瓶があった。その銘文を心光寺にある位牌と照らし合わせると、重隆、職隆夫人の没年月日が一致したとの知らせがありました。銘文には「泰誉誌」として、職隆夫人が「永禄二年十一月廿八日卒、火葬、佐土梨原寺天正十五年五月廿三日改葬、天川廓内、法号心光本願……」、そして重隆は「永禄七年二月六日卒、享年五十七、火葬、佐士心光寺、天正十五年五月廿三日改葬、天川廓内……」と書かれていたという。この石蓋が二百年前に書かれたものか、真偽の判断が難しかったようです。これを藩では疑う者もあり、とりあえず密かに陸目付と側筒を派遣して、真偽を確かめさせたのですが、分かりませんでした。そのため翌年古事に博識がある牛尾辰之丞久照と側筒の喜多岡勇平を播磨に向かわせて調査させたのですが、天川廓内は昔小寺氏の城跡で、重隆の墓に近いところでもあり、小寺が去った跡に職隆が住んだのではないかと言上しました。そのため再度同八年に二人を派遣して、入誉に質問状を出して疑問を糺したようです。その結果間違いないということで、墓を築くことになりました。

この牛尾辰之丞久照は、後に藩主斉清の命で黒田二十四騎の伝記調査や伝記の編輯を行った人物です。この寛政六・八年の調査記録「遊播遺稿」の作者は喜多岡勇平元賢で、これを転写したのが藩儒井土周盤《しゅうばん》ですが、六年と八年の文章が入り交じっています。有馬温泉に行く旅行者として名を変え、旅行者は規則で一泊しかできない中、忍び忍びで調査を続けています。

○備前福岡村―十二月八日、福岡村庄屋石原弥三郎に逢う。祖は播州の地士也。七小路あり、高政公の居たまいし処なりという。益軒の「備播紀行（路記）」を引用していますが、この地には末裔の姿はなかったようです。教意山妙興寺に行く。寺地は二百年前に赤松左京太夫から与えられたとの事。役僧に頼み過去帳を見ると、黒田一類の法名や俗名を記した処が多く、石塔には年号しか見えなかったようです。黒田の系図も見せてもらったのですが、これも不正の書と判断したようです。

○播州加西郡北条村――十二月十二日北条（加西市）を立ち、別所・河内妙楽寺村・西脇村から喜多村・前坂から黒田村に着く。荘厳寺（黒田庄町黒田）の僧に逢い、比延村の勝田利作が黒田氏ということで、略系図を借りて宿で写したがこれも系図が一致しなかったようです。翌十三日荘厳寺の僧が、下野守重隆の居城の跡があるとのことで同行。佐々木塚という小石を積み築いた塚がありました。花ヶ森塚・舟町村（黒田庄）を通ると「お松塚」があり、重隆の愛妾おまつが、君を恨んで身を投げたという深淵があり、増居（位）山から東坂本・西坂本を通り書写山の圓教寺を参詣。次いで龍野町に出て国府寺に出ました。この後の御着駅の事は秘することがあり、とのことで記録していません。この後は大坂に出て、高野山に登り赤松院の過去帳で、宗卜・宗圓・如水公・正室方の法号が記されていることを確認。国君の尊牌は、如水公・道卜公（長政）・照福院（如水室）が安置されていました。

御着の天川の黒田家の御部屋跡と伝えられた事跡については、記録はないようです。四代藩主綱政が参府の時に御着に泊まり、小寺大明神の社が破壊されているのを知り、普請費用を出したようです。天川家では祖父の久兵衛代から墳墓を大事に守ってきたと云います。

これに対して、喜多岡は銘文のある石蓋があるなら、石棺があるはずで、それが瓶ばかりで、塔もないことに疑問も持ったようです。しかし銘文は二百年前の筆跡とも見え、火葬して高野山と分骨した可能性も考慮したようです。

心光寺入誉の書状は、天川久兵衛は御部屋跡と伝えられた場所を、村役人と共に、祓いを受け、三・四尺掘った所、切石が出たためにさらに二尺程掘り石蓋二つを見付け、心光寺に連絡がきたそうです。調べた処、瓶に遺骨が入っており、粗忽に天川が古墳を暴いた事への断りでした。

喜多岡は、天正十五年以降に心光寺二世泰誉の銘文について、その頃孝高・長政は九州での合戦のさなかで、以後中津におり留守中に改葬をすることはないだろうとか、寺から民間の地に墳墓を移したことなど、いろいろ疑問も生じたようです。しかし泰誉の先代の親誉は九州陣僧に伴われるほど、孝高とも懇意で信頼されての事かとも推察しています。しかし正徳五年に小寺藤太夫が心光寺を捜しあて、そこに宗圓の位牌を見つけたとの事ですが、家譜が成就して心光寺のことも分かっていたはずが、正徳五年まで、二十年も過ぎない内に分からなくなった事を考え、八十年過ぎて古墳が出るというのも不審ではあるが、天正十五年から二百五年過ぎて古墳が出たのも幸いと考えたようです。たとえこれが偽物としても、宗卜様を崇められてきた事を神の御神託によるものだと、納得しました。

この時天川には二百年来土地を利用した御礼として、五人扶持を与えることになりました。

これに対して、喜多岡は、妻鹿村の多田長兵衛は宗圓の塔を先祖の主人のお墓と仕え、祭祀をし、今も心光寺の頼みで、清掃し、灯明を上げてきた者に、扶持も出ず、わずか銀一枚しか出さなかった事を思い、道理に良く叶うようにありたいものだと感想を記しています。

この後享和二年（一八〇二）十月には、天川城は小寺氏が落去したのちに職隆が住んだという可能性も考え、重隆と職隆夫人の墓に石棺を設け、元のままに封し、板屋で覆い、石の垣を廻らして門を設けて石灯篭を並べたそうです。心光寺には寄附米二十俵、銀十枚を増し、天川久兵衛には、銀子七枚に七人扶持（三十四石）を与えることになりました。

◆まとめ

『寛政重修諸家譜』は寛政元年（一七八九）に、幕府から諸家の系譜を提出するように命じられ、綱政から以後の系譜、孝高・長政・忠之の行状・武略を提出することになりました。しかし、再度幕府の大目付から不備を指摘され、十年後に提出します。「且、為にすることありてわさと事実も違えられぬ」とありますが、意味は不明です。ただ「高宗が子右近太夫高政、其子を重隆とし、高政故ありて近江国を去、備前国邑久郡福岡に移り住すといふ。今前後の年歴をもて推考ふるに、代数なをいまだ足ざるに似たり。よりてしばらく旧きに従ふ。」ということで、貝原益軒の努力のかいもなく、系図は中断したままでした。

重隆の墓地について「播磨国印南《いなみ》郡佐土村の心光寺に葬る。後孝高が時同国飾東郡天川の廓内に改葬す」と、書かれています。牛尾久照と喜多岡勇平の報告が反映したのでしょう。孝高・長政が、豊前中津から筑前に入った時、家臣団だけでなく、商人・職人・僧があとを慕って従いましたが、その名簿の中に、播磨心光寺親誉・播磨道場光心などの僧の名前が見えます。

この『寛政重修諸家譜』でも、京極家とのつながりは証明されませんでした。元々京極家では、二・三男が分家するときには、黒田姓を名乗ることがあり、江戸時代にも丹後宮津藩主京極高国は改易になりますが、三男は「黒田萬吉」と改名して池田光政に預けられています。京極家とは、黒田家三代藩主光之の長女が前橋藩主酒井忠挙の室で、その娘が京極家に嫁ぎ、多度津藩京極高慶の子治高が福岡藩八代藩主になっています。

しかし高政が観音寺山で仕えた屋形佐々木大膳太夫高頼は六角家であり、黒田家は京極家の庶流という系図に、後代の儒学者たちは疑問を持っています。『黒田家譜』も「黒田年譜」にしても、『江源武鑑』を信用して歴史書を書いていますので、史学研究の発展とともにその整合性に問題がでてくるのは当然でしょう。黒田家の祖を「伊香郡木之本」とする説も、益軒の時代から三百年すぎ、検証の時期ではないでしょうか。

長政は福岡城の名を、先祖が苦しかった時のことを忘れないために、備前邑久郡福岡村から付けたと、益軒は記していますが、事実でしょうか。大譜代の桐山家文書には「長政公城地を案したまい、那珂郡警固の里に近き福崎と云う所、城を築きたまい、城の名を「福岡」と号したまう」とあり、益軒と同時代の人で、序文も書いた安見有定の「筑陽記」には、警固大明神は神功皇后が韓国からの帰朝後異敵防禦のため福崎・岡山に鎮座したものであるが、長政が岡山に城を造るために、宮を城外に移し、福崎・岡山の名前を併せて、福岡と付けたと書いています。福岡藩では、姫路の寺には手厚い保護を行いましたが、ついに岡山の妙興寺には寄進した形跡は見当たりませんでした。

最後になりますが、以上の事から黒田家のルーツについては断定できません。舟岡山の合戦に、黒田高政が参戦していたという古い文書が明らかになるのを待つことにします。

【典拠史料】

『新訂 黒田家譜』第一巻、第五巻　文献出版／「竹森家文書」『福岡県史　近世史料編　福岡藩初期上』（福岡県）／「備播路記」竹田文庫　福岡県立図書館寄託／「長野日記」『近世福岡博多史料』西日本文化協会／『福岡藩吉田家伝録（中）』太宰府天満宮発行／「黒田御家御由緒記」久野家文書　福岡県立図書館複製／「姫路御古墓記」斉藤文書　福岡市総合図書館複製／「遊播遺稿」黒田家文書　筑紫女学園所蔵／「赤松諸家大系図」『大日本史料第九編之十二』

近世大名池田氏の成立

——池田家の先祖と恒興・元助・輝政の時代

伊藤康晴

◆池田恒利以前の系譜と系図編纂

鳥取藩主家（初代光仲）、岡山藩主家（初代光政）の大名池田氏、播磨福本に陣屋をもつ交代寄合池田氏（初代政直）、これら三家の先祖の系譜は、播磨国五十二万石の姫路城主として知られる池田輝政の子の代に枝分かれしたものです。輝政が近世大名としての池田氏一門体制の出発点になっています⑴。

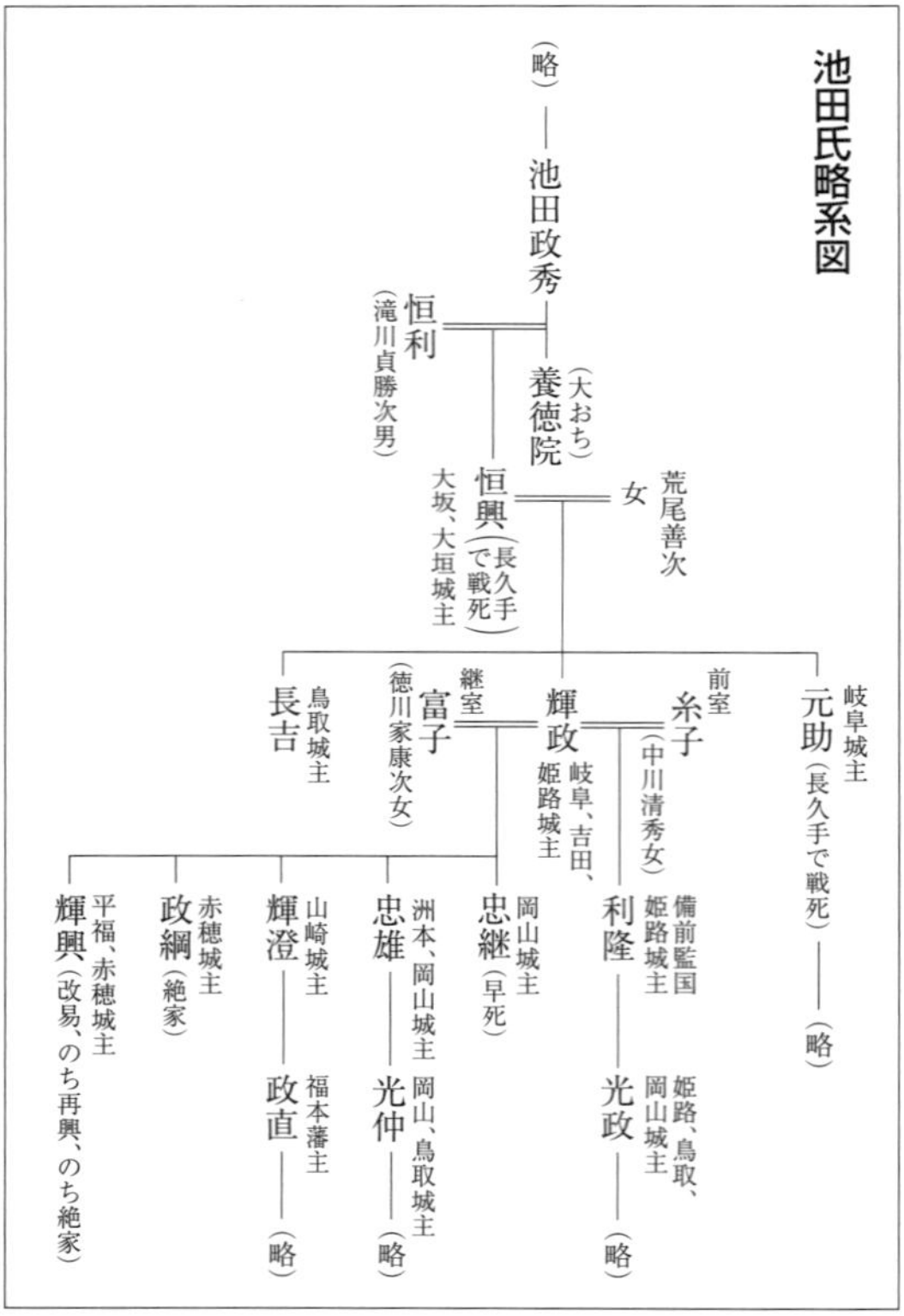

輝政の父、恒興（勝三郎）については織田信長・羽柴秀吉に臣従した戦歴などが、系図・家譜などに伝えられ、また同時代の資料としても信長から与えられた知行安堵状・朱印状のほか、秀吉からの書状類、恒興自身

が発給した禁制・判物などを残すことから一部の履歴が知られます。しかし恒興以前の歴代についても資料も少なく分からないことばかりです。

恒興の父は恒利といい、初名は範勝。恒利と改めたのちに剃髪して宗伝と称しました。尾張国池田十郎政秀の養子となり、将軍足利義晴に仕えたと言われ、恒興誕生の二年後の天文七年（一五三八）に没しています。全三十八冊で構成される「池田家系図」（鳥取市歴史博物館蔵）には位牌を備前岡山国清寺・因幡鳥取龍峯寺・京都妙心寺塔頭天球院・同所盛岳院などに安置すると記しています。恒利の妻は政秀の次女で、のちに織田信秀に仕え、信長の乳母になった女性です。今のところ実名は確認できずにいますが、当時の文書には「大おち」「大御ち」と出てきます。「大御乳」の意と思われますが、法号である「養徳院」と称される場合もあります。江戸中期、岡山池田家の家臣斉藤一興が池田氏歴代の事績を書いた『池田家履歴略記』巻之一の冒頭に、幼少の信長（吉法師）は「乳母をつけると乳房を噛みやぶるので、度々乳母は交代したが、大おち

池田恒利画像（鳥取県立博物館所蔵）

が付くと噛むことがなくなった」とするエピソードを載せています。近年では授乳の乳母ではなく、養育の乳母と考えるべきだという指摘もあります(2)。いずれにしても「大おち」は信長から大切にされる存在であり、信長の乳兄弟として成長した恒興も、信長の家臣として頭角を現したことが理解されます。信長が没したのちも大おち(養徳院)は秀吉・家康から厚遇され、慶長十三年(一六〇八)に没しています。右同書には墓所は高野山。位牌は備前曹源寺。京都妙心寺塔頭盛岳院には白い帽子をのせた姿の木像が安置されていたといいます。

池田氏の系譜をひも解くには江戸初期に編纂された系図が参考になります。江戸幕府は寛永十八年(一六四一)、徳川氏による政治的統一の象徴として、大名ほか旗本・御家人などを対象に系図編纂事業に着手します。これを「寛永諸家系図伝」と言っています。寛永という時代は池田氏一門にとり、絶家、御家騒動、国替、改易などが続いた多難な時代でしたが、寛永九年に一門の本家筋同士が国替(交代転封)されて、鳥取藩主の池田光仲、岡山藩主の池田光政の体制が定まった時代でもあります。一門である光仲・光政は連名で系図を作成して幕府に提出しています。その系図の前文、先祖に関わる記述は以下のようになっています。

【資料一】(「寛永十八年池田氏系図写」鳥取市歴史博物館蔵)

頼光五代滝口泰政池田右馬允ト号ス。伝云蓋其後世摂州之住人池田九郎教依、河内新判官

楠正行遺腹ノ子ヲ養ヒテ池田十郎教正ト号ス。後兵庫助ト称ス。将軍義詮・義満ノ時、武名ヲ顕ス。其子ヲ佐正トイフ。佐正ノ子ヲ池田六郎トイフ。爾来相続シテ池田ト称ス也。

（原漢文）

池田家の遠祖は、源頼光から五代の滝口泰政が池田右馬允を名乗り、その後裔にあたる摂津の住人池田九郎教依は、河内新判官楠正行の異腹の子を養い、子は長じて池田十郎教正と名乗りのちに兵庫助と称したとされています。将軍義詮・義満の時、すなわち一四世紀後半頃に武名をあらわし、兵庫助の子は佐正と言ったそうです。さらに佐正の子は池田六郎と称し、その後も歴代にわたり池田姓を名乗ったと寛永系図には記されています。

池田家の出自は清和源氏とされていますが、その他にも紀姓、橘姓、大伴姓など諸説があり(3)、現段階では断定する資料を欠いています。言えることは寛永系図編纂の際に幕藩領主として清和源氏の末裔に位置付けられたと言うことです。将軍家光が太田資宗に系図編纂を命じたのが二月七日。諸大名らに指示されたのは二月二十日頃といわれています(4)。池田光政の日記によると、系図は九月十二日に提出されていますので、池田家一門にとっては半年余りの切迫した作業でした。光政家中の池田出羽と光仲家中の和田飛騨の両名が太田資宗に持参しています。

このように作成された寛永度の池田家一門の系図は、その後もさまざまな問題を残すことになります。江戸中期の鳥取藩士佐藤長健は著書『因府録』（巻十八）において池田家の系図編纂について次のように述べています。後世の家臣が幕府の命で編纂した系図をどのように受け止めていたのかがわかります。

【資料二】（『因府録』鳥取県史6所収）

此公命に依り俄かに旧文を記録し、尾州の書生堀正意といふ文者に、あつらえ御頼ミ有て、清書出来して公義え差出し被成たるハ、興禅院様未だ御年若き御時也。俄かに出来て、時の御間を合せて書たれバ、年月等の抵牾、事実の考え誤りも有やと見えたり。強く御吟味もなく、其世の御役人にも穿鑿を致す者もなくて、重ねて猶以て考訂の沙汰もなし。其時の侭にて今に及べり。

池田家一門の系図は尾張徳川家の儒者堀氏に依頼して編纂されていることがわかります。光仲（興禅院）は十一歳ですが、光政は三十三歳になっています。年齢はともかく一門で系図を編纂することは難しいことではなかったはずですが、仮に系図に誤りが認められたとしても、寛永当初は堀氏に依頼することに意味があったのだと思います。寛永系図の編纂は徳川家を核に作り上げられた政治秩序を固定化する意図があったといわれますが(5)、清和源氏の系譜は、池田氏一門が幕藩領主として存続する上で政治秩序に合致する姿だったと思われます。

後世、鳥取池田家の家中では不如意とされた寛永系図は、「先君の御廟地」すなわち先祖の墳墓の問題の要因になったと考えられています。江戸後期の鳥取藩士で考証史家の岡島正義は、文政十二年（一八二九）に著した「鳥府志」の中で、佐藤長健の右の文章を引いたのちに「惜哉此時若し御系譜を精密に被成置なば、後年に及んで、先君の御廟地の紛乱等は決て起ぬはづの事なり」と述べています。「先君の御廟地」とは、池田輝政以前の墓所、美濃池田の龍徳寺や塔頭の養源院などを指すように思われます。佐藤が指摘する系譜の誤りや岡島の言う墓所の紛乱は、時を経ても御家に仕える藩士として不本意なものでした。

明治・大正期頃の菩提寺・龍徳寺（鳥取市歴史博物館所蔵）

◆美濃国池田の龍徳寺

江戸時代の鳥取・岡山両池田家は、池田の龍徳寺を先祖の菩提寺としています。池田家の基礎を築いた池田恒利・恒興・元助三代の墓石・位牌などが寺院内外に存在したからです。鳥取池田家の藩主は参勤交代で木曽路（中山道）を経由する場合は龍徳寺に立ち寄ることもありました。

天文七年（一五三八）に没した恒利の墓は、龍徳寺に隣接する塔頭養源院跡地にあります。恒利の法名は養源院殿塔心光宗伝あるいは養源院開基前紀州心光宗伝禅定門とされることから、養源院は恒利開基にかかる寺院と考えられますが、墓石は長らく所在不明でした。ところが文政四年（一八二一）五月、当時「養源院屋敷」と呼ばれていた土地の土取場から五輪塔が発掘され、よく洗浄したところ養源院の法名・年号・月日が確認されたのです。時の住職密翁は、岡山池田家に届を出し、八月上旬には岡山藩士二名が吟味・見分をしています。その結果、「池田家御由緒旧跡ニ急度無相違」と認識されるようになったと龍徳寺の古文書は伝えています(6)。

恒利の子恒興、孫の元助は天正十二年（一五八四）四月の小牧長久手合戦で討死したことで知られますが、恒興・元助父子の墓石と位牌は龍徳寺にあります。位牌は本堂に付随する位牌所に安置され、鳥取・岡山の両藩主の廟参の際に礼拝されました。現在の墓所は本堂からやや隔てた場所に立地しますが、江戸時代は周囲一帯が龍徳寺の境内地のようです。龍徳寺では小牧長久手合戦のあと、池田氏の家臣がその遺骸を龍徳寺境内に埋葬し、塚上に桜樹を植えて墓標にしたと言い伝えられています。現在は恒興・元助の五輪塔がそれぞれ存在しますが、現在のような形で御廟として整備されたのは江戸時代中期以降のようです。

岐阜県池田町教育委員会による近年の調査では、恒興・元助父子の御廟造営が本格化するのは龍徳寺九世月澗智圓の在職中の頃ということです(7)。だいたい安永～天明期（一七七〇年代後半～八〇年代の初め）頃になります。龍徳寺月澗は同合戦で戦死した恒興・元助ほか家臣らの二百年忌を前に、岡山・鳥取両池田家に御廟所造営を盛んに働きかけたようで、安永九年（一七八〇）には岡山・鳥取に直接出向いています。天明二年（一七八二）には、討死した元助の末裔「備前天城領主遠孫池田主税政喬自誌」により、恒興・元助（之助）の肖像画双幅が龍徳寺に寄進され現存しています(8)。翌三年四月九日には、護国院（恒興）の二百年忌の法要が営まれることになります。

「烈忠霊同聚」池田氏家臣位牌（池田町龍徳寺所蔵）

家臣たちの位牌を安置したのもこの頃です。位牌は縦九十七・五センチ、横幅四十三センチと大きなもので、表の中央に「烈忠霊同聚」とあり、その周囲に合戦で討死・切腹した二十一名の名前と家紋が記されています。裏には表の侍と対応するように二百年後の子孫の名を刻んでいます。「備前　梶浦吉兵衛」「因幡　秋田仁兵衛」という具合です。当位牌の成立は龍徳寺の働きかけによるものと推定されますが、慶長年間に枝分かれした備前・因幡両家中の士が、先祖の霊を龍徳寺において合同で弔っている点は、一門の姿を象徴するばかりでなく、龍徳寺が池田家一門との結びつきを存続・強化させていく意味でも注目されます。恒興・元助の廟前には、位牌と一対となる墓石「烈忠塔」が主君に控えるような姿で建っています。「烈忠霊同聚」の位牌については、位牌の子孫に直接関係の無い岡島正義も知るところで、江戸後期に編纂した「因府歴年大雑集」（鳥取県立博物館蔵）に位牌図が所載されています。

恒興・元助没後、羽柴秀吉の命により家督を継承した輝政（恒興次男）は、天正十四年（一五八六）二月に龍徳寺に安堵状を与えています。慶長五年（一六〇〇）の関ヶ原合戦の際は、池田輝政・福島正則の連署による禁制を同寺に与えて保護しますが、龍徳寺は関ヶ原に近いこともあり、「御証文ハ去年ノ乱に失申候」と伝え、建造物は灰燼に帰したと伝えています。隣接する養源院も同様の被害を受け、以後再建されませんでしたが、龍徳寺は「天下様」（徳川家康）の寺領安堵により、翌慶長六年（一六〇一）に再興したことが同年十一月に龍徳寺が奉行に提出した申状で判明します。同文書の冒頭には「濃州池田郡之内本郷庄雲門山龍徳寺、池田先祖位牌所ニて御座候」とあり、当時の龍徳寺の認識が示されています。

龍徳寺の寺伝によれば、開基は系図前文に登場する池田教依とされ、墓石も同寺の墓地にあるとされています(9)。つまり「池田先祖位牌所」というのは、戦国末期の恒興・元助の菩提所というばかりでなく、系図に記す池田教依以来の歴代池田氏を意味すると思われます。すでに述べたように、恒利以前の人物に関する記録はほとんど残されていませんが、平成十二年（二〇〇〇）に龍徳寺の位牌所を調査させていただいた折に一点の位牌を確認することができました。大小数多くの位牌が安置されている位牌壇の最も奥にありました。開基とされる教依以来の池田氏歴代を示し、墓地に残るとされる教依らの墓石と対応する位牌だとわかりました。

位牌は、縦二十七・二センチ、横三十センチと比較的小さなものです。位牌上部の木口部分には細紐などを通す金具がついており、かつては吊り下げられていたようです。当主を個別に弔う位牌ではなく、一四世紀後半から一六世紀に至る歴代五名の法号・没年・俗名（性）をまとめて記しています。作製年代は不明ながら、末尾にある「龍雲院殿」（池田重明）の没年を考えれば一六世紀前半期と推定されますが、後に戦乱や火災で再製作された可能性も考えられます。

【資料三】池田氏歴代位牌（池田町龍徳寺蔵）

（表）

龍徳寺殿玄関宗入大禅定門

宝光寺殿月厳宗照大禅定門
宝仙寺殿玉峯宗玄大禅定門
長春院殿花岳宗清大禅定門
龍雲院殿雪岳宗心大禅定門

（裏）

龍徳寺殿　応永五年（一三九八）　三月三日　俗名　池田九郎教依
宝光寺殿　永享元年（一四二九）　十月十八日　俗性　池田十郎教正
宝仙寺殿　長禄三年（一四五九）　八月二日　俗性　池田兵庫佐正
長春院殿　文明十八年（一四八六）　九月八日　俗性　恒　政
龍雲院殿　文亀二年（一五〇二）　十一月八日　俗性　池田重明

裏面の俗性（俗名）を寛永系図前文の歴代に照らすならば、教依・教正・佐正の三代が一致します。龍徳寺の開基を教依とする寺伝と同様に、教依の法号は「龍徳寺殿」とされています。没年は応永五年・一三九八年とされ、「校正池田氏系図」（鳥取県立博物館蔵）の没年と一致するほか、二代目教正も同系図の没年が一致します。四代長春院殿恒政、五代龍雲院殿池田重明については、系図・家譜類にその名を見ることはなく現在のところ不明です。ここに養徳院の父とされる池田十郎政秀の名は無く、その養子とされる池田恒利（養徳院夫）の場合は、独立して「捐館　養源院開基前紀州心光宗伝禅定門」と刻む位牌が安置されています。

池田教依の名は、摂津池田（現池田市）の城主としても知られています。戦国時代末期、織田信長に抗した池田勝正は、池田城主としては九代目で、初代が教依とされています。摂津池田氏の通説に従えば、教依の没年は「貞治年中」（一三六二～一三六八）といわれ、当位牌とは三〇年近い誤差を認めねばならず一致しません。しかし摂津池田氏の遠祖は、平安後期の紀維実とし、その母は美濃国池田郡本郷の在地領主、左衛門尉維将の女であるといいます。その関係から、のちの摂津池田氏は京都から池田郡池田荘へ移り住み、初めて池田氏を称したといいます。その後摂津に再び移り、池田教依が初代城主となり、二代城主は教正、三代は佐正とされ位牌の名と同じです。位牌にある俗名や近世大名池田氏の遠祖もこれに重なることになりますが、池田城主四代家正、五代は充正は一致しません(10)。

龍徳寺の位牌を軸にみるならば、摂津池田氏も美濃系の岡山・鳥取池田氏も四代目から系譜を異にしていることがわかるのですが、俄かに四代目からの分家と考えることも現段階では難しく思います。系図の作成・編纂は、すでに若干の事例をみたように、時の政治情勢に応じて様々な意図を含む場合がありますので、多方面よりさらなる検証が必要です。

◆恒興・元助の時代

池田恒興（勝三郎）は父恒利が亡くなる二年前の天文五年（一五三六）に尾張国に誕生しています。幼少期の恒興についてはわからないことが多いのですが、『池田家履歴略記』に断片的な事跡が伝えられていますので以下は本書によります。恒興は母養徳院（大御ち）が信長の乳母として仕えたため、家臣の森寺藤左衛門に養われました。以前より織田家へ出入りしていましたが、正式には天文十四年、十歳の時に織田信秀に謁して小姓になり、信長の遊び相手として見出され茶取になったといいます。江戸期の岡山・鳥取・福本など池田家一門の家紋は、揚羽蝶を用いますが、同家紋はこの頃に信長の紋付の裃を恒興が着用したことに始まるとされています。

若い頃の恒興の戦歴・戦功は寛永系図に整理された若干の記述があるほか、『信長公記』には「信長公の乳弟池田勝三郎」などとあり、織田家の小姓から始まった恒興の存在位置を示しています。また永禄三年（一五六〇）桶狭間の戦いの頃には「池田勝三郎衆」といわれる家臣団を形成して上層農民を被官に抱える一団として信長家臣団の一端を担っていたことがうかがえます(11)。また天正六年（一五七八）頃からは「池田勝三郎父子三人」という形で『信長公記』に出てきます。当時二十歳の元助、十五歳の輝政のことで、共に出陣したのはこの頃からです（末弟長吉は九歳）。恒興の家臣団が大きく成長したのは天正八年頃のようです。摂津花熊（隈）

城に総攻撃をかける二か月前、信長は中西新八郎・星野左衛門・宮脇又兵衛・隠岐土佐守・山脇勘左衛門の五人を恒興の与力に付けています（『信長公記』）。

恒興は「信輝」と記されることがあります。江戸時代中期以降に成立した「池田家履歴略記」「池田氏家譜集成」「校正池田家系譜」などです。「池田家系図」（全三十八冊・鳥取市歴史博物館蔵）も同様ですが、ここには恒興が信長に従って星崎城（現名古屋市）を攻めた際の武功で「信」の字を賜り、信輝と称したと記されています。しかしながら恒興が生前に信輝を名乗っていたかという点はかなり疑問です。星崎の攻略は、天文十七年頃、恒興十三歳の時とされていますが、永禄期より残る信長から与えられた判物・朱印状は悉く「勝三郎」であり[12]、信長の経歴を体系的に伝える『信長公記』もすべて「勝三郎」とされています。

池田恒興画像（鳥取県立博物館所蔵）

天正八年（一五八〇）、織田勢力は池田隊摂津国花隈城の荒木元清を攻略し、信長から「武士高名越度事」と題する感状が与えられています。寛永系図にもかなり長文ですが写を載せます。『信長公記』には「然て池田勝三郎小身といひ、程なく花熊申付け、是又天下の覚をとる。爰を以て我が心を発し、一廉の働きこれあるべき事」とあります。この戦で信長から絶大な信頼を得たことが感じ取れます。恒興はここで「小身」（小禄）と表現されていますが、花熊城の攻略で摂津国が与えられ恒興は大坂城、長男元助は伊丹城、次男輝政は尼崎城が与えられたといわれています。恒興は摂津大坂時代の天正九年十月に初めて「恒興」の名で家臣に領知判物を与えています[13]。以後「勝三郎」は名乗らないのでこの頃に恒興に改名したことがうかがえます。

天正十年六月、いわゆる本能寺の変で織田信長が死去すると、恒興は剃髪して「勝入」と号します。羽柴秀吉との関係を深め、秀吉の甥三好孫七郎（のち豊臣秀次）を恒興の聟とし、恒興の次男輝政を秀吉の養子にする約束があったといいます。その後も勝入を名乗ったことは、天正十二年の小牧長久手合戦における秀吉からの書状や陣立書などに確認できます。また同年には「恒興」の名で禁制を下していることから、自身が発給する判物などには引き続き「恒興」を使用したことが理解されます[14]。このことからもわかるように同時代の文書には「信輝」の名は一例も見られないのです。

系図の記載も江戸初期と後期では取扱が異なるようです。先にみた寛永十八年成立の寛永系図には「恒興」とあり、その下に小さく「後信輝改」と注記されています。これは林原美術館が所蔵する岡山池田家旧蔵にかかる寛永系図類も同様です（「当家系図」など）。年代の明らかなものとしては現在のところ寛永系図が「信輝」の名を最初に使用した例になるのではないかと思います(15)。系図編纂時の寛永十八年には岡山・鳥取両池田家が認識していたことを意味します。

江戸後期になると幕府は再度、諸家の系図編纂に着手します。寛政十一年（一七九九）に着手された「寛政重修諸家譜」です。ここでは「恒興」と「信輝」の関係がまったく逆の扱い、すなわち見出しに「信輝」とあり、その下に小さく「初恒興」とあり、続けて「勝三郎　紀伊守　剃髪号勝入」とあるのです。すでに見たように初名として恒興を名乗ることはあり得ません。江戸時代初期、寛永系図編纂前、あるいはその時に「信輝」の名が一門で創出され、江戸中期から後期にかけて「信輝」の名が「恒興」よりも優位に扱われるようになったことがうかがえるのです。

恒興の嫡男、元助についても指摘しておきたいことがあります。岡山・鳥取両藩における江戸時代の記録はどれも「之助」と表記され今日に至っています。元助は長久手合戦において二十六歳で討死しますので、残されている資料も全体としては多くはないのですが、それでも岐阜城主になった天正十一年五月から長久手合戦で死去する十二年四月までの一年弱の間、城下寺院や郷村を保護する禁制・安堵状をさかんに発給したようです。現在でも判物の原本が

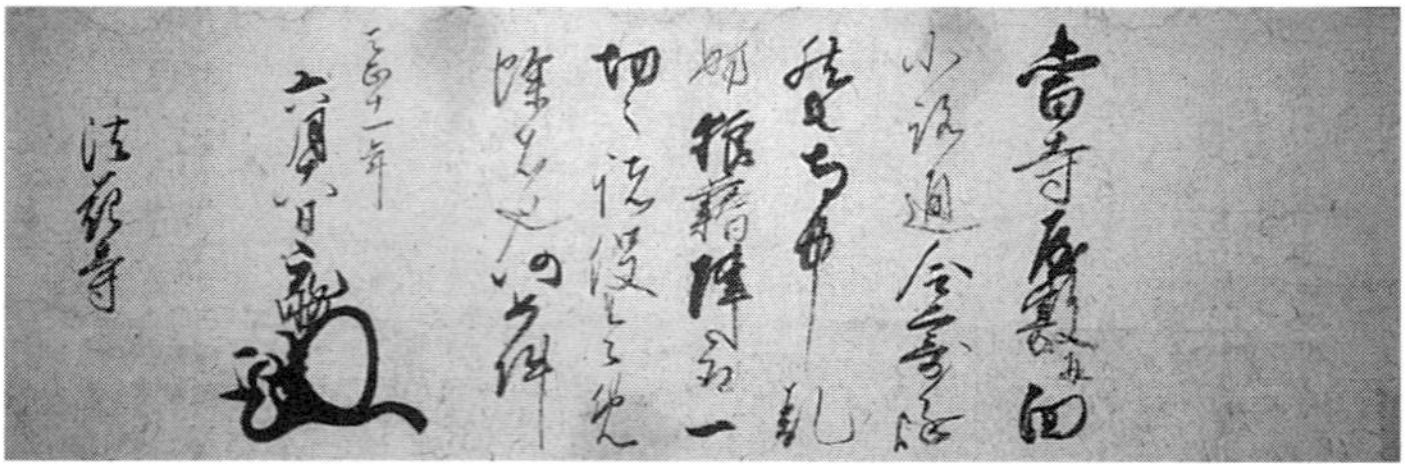

池田元助寺領寄進判物（岐阜市法華寺所蔵）下は花押部分

岐阜市内に少なくとも五点確認できます（『岐阜県史　資料編』古代・中世二）。そのうち二点は花押のみの発給、二点は「元助」「紀伊守　元助」の署名をそれぞれ入れ、花押を据えています[16]。（残り一点は「紀伊守」に花押）。元助の「元」の文字は、書体を崩すと「之」に似るものの、文書の署名は明らか「元」の字を宛てているのです（写真参照）。後世の単なる誤写とは本来考えにくいのですが、寛永系図には既に「之助」とあります。そこで想起されるのが池田家一門の寛永系図作成にいたる経緯です。尾張徳川家の藩儒堀正意が編纂過程で誤写された文書を参照したか、誤記したことを考えずにはいられません。鳥取藩士の佐藤長健が言うように「月等の抵牾、事実の考え誤りも有やと見えたり。強く御吟味もなく、其世の御役人にも穿鑿を致す者もなくて、重ねて猶以て考訂の沙汰もなし。其時の侭にて今に及べり」という状況であれば、そのまま「之助」の表記

が踏襲されてもおかしくないと考えます。同時代の原本資料に従うならば正しくは「元助」とすべきではないかと考えています(17)。

本能寺で信長を倒した明智光秀は、山崎の戦いで羽柴秀吉・池田恒興・黒田孝高らに攻められ敗死します。その後、羽柴秀吉・柴田勝家・池田恒興・丹羽長秀の四名が後継政権の宿老に列しています。翌天正十一年四月に秀吉が近江賤が嶽に柴田勝家を滅ぼすと、池田父子は摂津国に替え美濃国を領することになり、恒興は大垣城主、嫡男元助は岐阜城主、次男輝政は池尻城主になります。元助はこの時に「紀伊守」を称し、領内の社寺の保護政策に着手します。また主君であった織田信長にはじまる岐阜城下における楽市楽座の政策も継承して、城下加納に制札を下しています。

◆池田氏と小牧長久手の戦い

信長亡きあとの池田家は、急速に実権を掌握した秀吉の配下にありましたが、信長の次男信雄が徳川家康を味方につけ、両軍が尾張北部で交戦状態に入ります。秀吉と家康の唯一の直接決戦として知られる小牧・長久手の戦いです。池田家家中は、秀吉配下の現実と、織田家に仕えてきた筋目で揺れますが、秀吉方に味方することになり、秀吉の甥三好秀次（孫七郎）に率いられます。

長久手（長湫）合戦は、池田家の歴史上、最大の痛手をこうむるものでした。池田恒興と長男の元助、恒興の娘婿森長可らが討死したことはよく知られています。池田恒興・元助、各二千の部隊は、岡崎攻略を目論む「三河中入り」を秀吉に献策して秀次に率いられましたが、家康軍に見抜かれ壊滅したと言われています。「小牧長久手合戦屏風」（大阪城天守閣所蔵ほか）はその凄惨な場面を象徴的に描いています。近年では秀吉軍の先頭部隊が家康軍の守備する岩崎城を陥れたものの、秀吉軍の後尾部隊はまだ岩崎には到っておらず、その背後を家康軍に襲われたとする見解が出されています(18)。長久手付近にいたその部隊が秀次率いる池田隊・森隊だったのです。

一方徳川家の立場では、秀吉軍を打ち破ったことが、後に征夷大将軍として江戸政権を樹立する足がかりになりました。「東照宮縁起絵巻」（和歌山県立博物館蔵）は、東照大権現として祀られた徳川家康の生涯を物語風に仕立てた絵巻ですが、その第一巻で最初に描く合戦が長久手であり、四月九日に討死した秀吉方の池田恒興の姿でした。

恒興・元助の戦死は、池田家一族と家臣団に大きな動揺をもたらしたはずです。長男である元助は二十六歳でした。由之・元信二人の男子がいましたが(19)、弟輝政に池田家の後継を命じたのは秀吉だと言われています。秀吉は二日後の四月十一日に恒興の母である養徳院、恒興の老臣土倉四郎兵衛、池田輝政にそれぞれ書状を送っています。養徳院宛は自筆とされる見舞状で、輝政・長吉の取立てを約束し、恒興・元助の家臣団をすべて輝政に付属させたいと述べています。自分のことを死んだ恒興と思って見てくださいと慰め、養徳院の身を案じています。土倉と輝政に対しては、この難局で家臣団が分裂しないように気遣いが必要であることを述べています[20]。池田家の難局に秀吉が重要な働きをしていることがわかると思います。

輝政は幼い頃より信長からも眼をかけられる存在であったらしく、天正元年（一五七三）輝政十歳の時に「天下布武」の朱印状で知行地が与えられています。信長の死、父・兄の戦死の苦難を経て、ここに池田家は輝政を総領とする体制を築くことになったのです。天正十二年、輝政は二十一歳になっていました。

◆池田輝政の時代

長久手合戦の直後、輝政は父恒興が守備した大垣城に入ったといわれ、程なくして岐阜城主に替わり十万石を領します。岐阜時代の輝政は「照政」の文字があてられています。秀吉は養徳院宛ての見舞状に記した通り、大幅加増で輝政を取り立てます。兄の元助もそうであったように、天正十二年七月に城下の「加納」に制札を下し、信長以来の楽市楽座を継承しています。輝政の岐阜入城は諸書によれば天正十三年とされていますが、制札は「天正十弐年七月」であり、また輝政の長男利隆は、諸系図に同十二年九月九日に岐阜城で生まれたとされることから、入

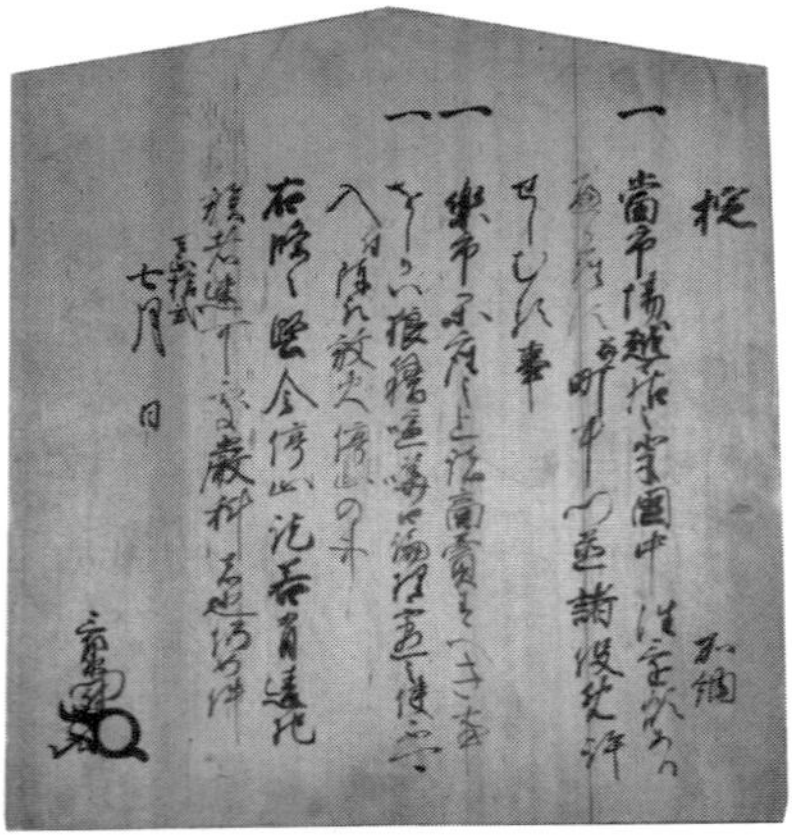

池田輝政楽市楽座制札（岐阜市円徳寺所蔵）

城は天正十二年と考えたほうがいいように思います。楽市の制札は、信長が下したものが二枚、元助・輝政のものが各一枚あり（他に「織田信長百姓帰住制札」）、国の重要文化財に指定されています。

輝政が岐阜城を守備したのは天正十二年から同十八年までのわずか六年余りと短いのですが、城下寺院との関係でいくつかの資料もみられます。天正十二年六月二日には、岐阜誓願寺にある先祖の寄進物（曼荼羅か）を拝見したようです（誓願寺古文書）。父・兄を戦で亡くしてまだ二か月を経ていません。先祖ならびに父・兄の菩提を弔ったのではないかと考えますが、この日は織田信長の三回忌でもあります。信長と輝政のつながりを考えると単なる偶然とは思えません。岐阜城はかつて信長が築いた城であり、亡き兄元助のあとを受けて輝政は城主になったのです。この日、輝政は何を想い願ったのでしょうか。

城下の寺院に対し、保護を加える禁制文書を一円に発したのは翌十三年からです。岐阜に残る輝政に関する資料の大部分がこうした文書です。輝政はその後の三河吉田、播磨姫路においても早い段階で寺院の保護政策に着手しています。輝政がいつ姫路城に入ったのか諸書に見えず定かではありませんが、関ヶ原合戦が終結したその年、慶長五年（一六〇〇）十二月二十日に総社・正明寺・東光寺、同二十二日には書寫山圓教寺・朝光寺などに対し、寺社領を安堵していることが確認されます。

輝政自身が神仏に帰依する姿も見られます。輝政は慶長十八年（一六一三）、姫路城に没しますが、伊勢神宮の鬼門を守るとされる朝熊岳金剛證寺には、慶長期の池田輝政と同寺院の関係を示す古文書（写）が残されています。「松平相模守様伊勢朝熊岳御由緒覚」（以下「由緒覚」）と題する記録によれば、その冒頭に「国清院殿（輝政）、当山本尊御信心され、慶長年中毎度御祈願の儀これ有り候」とあります。慶長期の輝政は当寺院を信仰していたようです。金剛證寺は慶長十三年に火災に見舞われ、ことごとく焼失しますが、翌年に本堂（摩尼殿）を寄進・再建したのは池田輝政なのです。現存の本堂がそれで、国

池田輝政画像
（姫路市書写山圓教寺所蔵）

の重要文化財に指定されています。七間×六間の桧皮葺、一重寄棟造の堂宇で、外部は朱塗り、内部には金箔押で精華をつくした内陣があります。欄干の擬宝珠には「慶長十四己酉七月」の刻印を今も確認することができます。このような本堂の寄進・再建は、その権力・財力で説明されがちですが、仏教に帰依・信仰する輝政の姿にも注意をはらう必要があります。来歴などは不明ながら播磨国の古刹、書写山圓教寺に他に類のない輝政の肖像画が安置されているのも、生前圓教寺に寄せた信仰を反映するものではないかと考えられます。

輝政が信心した金剛證寺の本尊は「福威智満虚空蔵菩薩」で、伊勢神宮の式年遷宮の翌年に、二十年に一度の御開帳が厳修されることで知られています。江戸期は「伊勢に参らば、朝熊をかけよ、朝熊かけねば片まいり」と宣伝され、江戸に出開帳もされました。両国回向院では、江戸中期の宝永二年（一七〇五）・延享二年（一七四五）・安永八年（一七七九）の三度執行されています（『武江年表』）。このうち延享二年は、鳥取池田家の江戸藩邸まで本尊をお迎えしたと「由緒覚」は記しています。信仰の背後には、やはり先祖輝政の信仰があるはずです。江戸時代の金剛證寺は輝政と初代鳥取藩主池田光仲の位牌を安置すると記し（現在はない）、月の忌日に法事を営んでいたと伝えています。池田氏との歴史的なつながりを知ることができます。

輝政は伊勢神宮の信仰にも熱心でした。大名が神宮を信仰する場合は、必ず御師と呼ばれる宗教者が窓口になります。例えば織田・豊臣両氏は上部大夫、毛利氏は村上大夫、徳川氏は春木大夫などです。毎年御師は大名から神領米等を得て神宮への祈願・祈祷を行ないました。池田輝政の御師は白鬚大夫といいます。同家に伝来した「由緒書」（鳥取市歴史博物館蔵）によれば、白鬚家の先祖は、慶長期以前に徳川家康の家臣乾氏（のち鳥取藩家老）に仕え、その後は家康の娘督姫（良正院）に仕えたとされています。督姫は初め小田原の北条氏直に嫁していますが。天正十八年（一五九〇）には秀吉に攻略され、北条氏は滅亡しますが、その時督姫を家康の元に連れ戻したのが白鬚氏の先祖（嶋倉氏）と伝えています。のち督姫が池田輝政の継室になったことで輝政家中の御師となり白鬚を名乗りました。

白鬚家文書には元和二年（一六一六）の「差府」とされる文書（折紙）が残されています。輝政・利隆の重臣である番大膳が白鬚大夫に与えた通行手形のようなもので、「この人は毎年伊勢より御祓を奉上するために（廻檀するために）来ているので、播磨国内の道筋村々において狼藉をはたらく者があれば必ず処罰が下るであろう」という内容です。輝政没後三年を経た文書ですが、文中には「毎年伊勢より」とあることから、御師活動は輝政時代にさかのぼると考えられます。江戸の初期、伊勢御師を保護し播磨領内に導いていたことのわかる興味深い資料といえます。

白鬚大夫は江戸時代を通して、因州鳥取池田家、備前岡山池田家、播磨福本池田家の伊勢神宮（内宮）の御師でした。御師は諸国に師檀関係を結ぶ檀家があり、定められた檀那場を廻檀しました。古くからの檀那場は、池田輝政から分枝した本家筋の領国、因幡国（鳥取池田家）や備前国（岡山池田家）に集中していたと考えられます。白鬚氏は池田氏一門、家中、領国の檀家を足がかりに成長を遂げ、存続した御師でした。明治四年に御師制度が廃絶するまでこの関係は維持されました(21)。

天正期の覇権をめぐる戦争において、主君信長を亡くした池田氏は、二年後には恒興と長兄元助が戦死して御家存続の危機に瀕しますが、秀吉の計らいで次男輝政が家臣団を率いて再生を果たします。文禄三年（一五九四）には徳川家康の娘督姫を継室にむかえ姻戚関係を結んで新たな血脈をつくることになりました。その翌年に直接的な主君とも言える豊臣秀次は秀吉により追い込まれ自殺。秀吉自身も慶長三年（一五九八）に没し、輝政は家康との距離を急速に縮めて関ヶ原合戦に参戦して勝利を得、播磨国五十二万石の大大名になるのです。

【注】

(1) 伊藤康晴「鳥取藩主池田光仲と池田家一門」（播磨学研究所編『池田家三代の遺産』神戸新聞総合出版センター二〇〇九年）

(2) 田端泰子「督姫と戦国の女性たち」（右同書）

(3) 「池田家系図」（鳥取市歴史博物館蔵）
(4) 藤井譲治『徳川家光』吉川弘文館　一九九七年
(5) 右同書
(6) 「奉願上口上之覚」龍徳寺蔵　文政五年。池田町教育委員会『龍徳寺文書調査報告書』二〇〇四年
(7) 池田町教育委員会『龍徳寺文書調査報告書（Ⅱ）』二〇〇七年。丸山幸太郎・島本洋一・横幕大助執筆
(8) 鳥取市歴史博物館『大名池田家のひろがり』二〇〇一年
(9) 現在龍徳寺墓域に数ある墓石のうち、池田教依の墓石がどの石なのかを特定することができないのであるが、龍徳寺池田雅子氏によれば「開基教依の墓は墓域にある」と言い伝えられている。
(10) 摂津池田氏の概要については池田市立歴史民俗資料館『城主池田氏と池田城跡』一九七九年を参照
(11) 田端泰子『乳母の力　歴史を支えた女たち』二〇〇五年
(12) 永禄六年十一月織田信長知行安堵判物。永禄六年十二月織田信長知行安堵判物（以上林原美術館蔵）。天正元年織田信長古新宛知行安堵朱印状（岡山大学付属図書館池田家文庫蔵）ほか
(13) 天正九年十月十七日池田恒興領知判物（岡山大学付属図書館池田家文庫蔵）
(14) 天正十二年三月池田恒興西園寺禁制（大垣市西園寺文書）。天正十二年三月十四日池田恒興小松寺禁制（小牧市小松寺文書）ほか
(15) ほかには自適斎・狩野尚信（一六〇八～五〇）筆の「池田信輝（恒興）画像」にある雲居希膺（～一六五九）の賛に「贈相国信長感其武功、自製手帖賜一字以褒寵之、以故改恒興為信輝」とある。
(16) 天正十一年六月十八日池田元助寺領寄進判物（岐阜市法華寺文書）。天正十一年九月十七日池田元助寺領寄進判物（岐阜市崇福寺文書）
(17) 鳥取市歴史博物館『大名池田家のひろがり』二〇〇一年を参照

(18) 鴨川達夫「長久手の戦い―秀吉が負けを認めたいくさ」『消された秀吉の真実』二〇一一年

(19) 元助の長男は由之、次男は元信。「寛永諸家系図伝」によれば由之の母は「斉藤山城守女孫」、元信の母は「塩川伯耆守女」とある。「斉藤山城守」は道三のこと。江戸後期の「寛政重修諸家譜」には次男元信の母は寛永系図と同じであるが、由之の母は「伊勢兵庫頭某が女」と記されている。

(20) 羽柴秀吉の書状、大おち（養徳院）宛・輝政宛の二通りは林原美術館所蔵。土倉四郎兵衛宛は大阪城天守閣所蔵の文書。

(21) 伊藤康晴「鳥取藩領における伊勢御師の檀家構造について―内宮御師白鬚太夫を中心に―」霞会館『参宮・遷宮・伊勢神宮』所載　二〇〇九年

松平忠明をさぐる

新行紀一

◆はじめに—奥平氏は「赤松氏ゆかり」か

本日の講座は、播磨学の研究の流れのなかで「赤松ゆかりの「奥平氏」」という題をいただいていました。しかし、実際に赤松氏と奥平氏がどのようにつながっていたかというと、わかりません。わかりませんが、江戸時代以来、奥平は赤松の子孫だと言っています。その奥平家から出た松平忠明《ただあきら》が、寛永十六年（一六三九）に姫路の六代目藩主になりました。今日は忠明の姿を追うことを中心に置きながら、赤松氏との関係にも触れつつ話をさせていただくことにします。

系図1にあるように、赤松氏が村上源氏というのはまぎれもない事実です。私の住む岡崎周辺では、赤松氏の影がチラチラしていて、三河と赤松氏のなんらかの関係、奥平とのつながりが、はっきりとはわかりませんが、うかがえるものがあります。

この節タイトルに「奥平氏は「赤松氏ゆかり」か」と、「か」と付けたのは、赤松の子孫を称するならば奥平氏は源氏でなければならないことになりますが、『寛永諸家系図伝』（江戸幕府が十七世紀前半に作成した大名旗本の系図集、以下『寛永系図』）、『寛政重修諸家譜』（十九世紀初めに完成した二度目の系図集、以下『寛政譜』）では、ともに平氏に分類されているからです。

なぜそうなってしまったのか。『寛永系図』で平氏に分類されたのはこういうわけです。赤

系図1　村上源氏系図（久我・中院・六条・岩倉・千種・名和・赤松の祖、◎印は源氏姓）

『日本史研究事典』諸家系図より

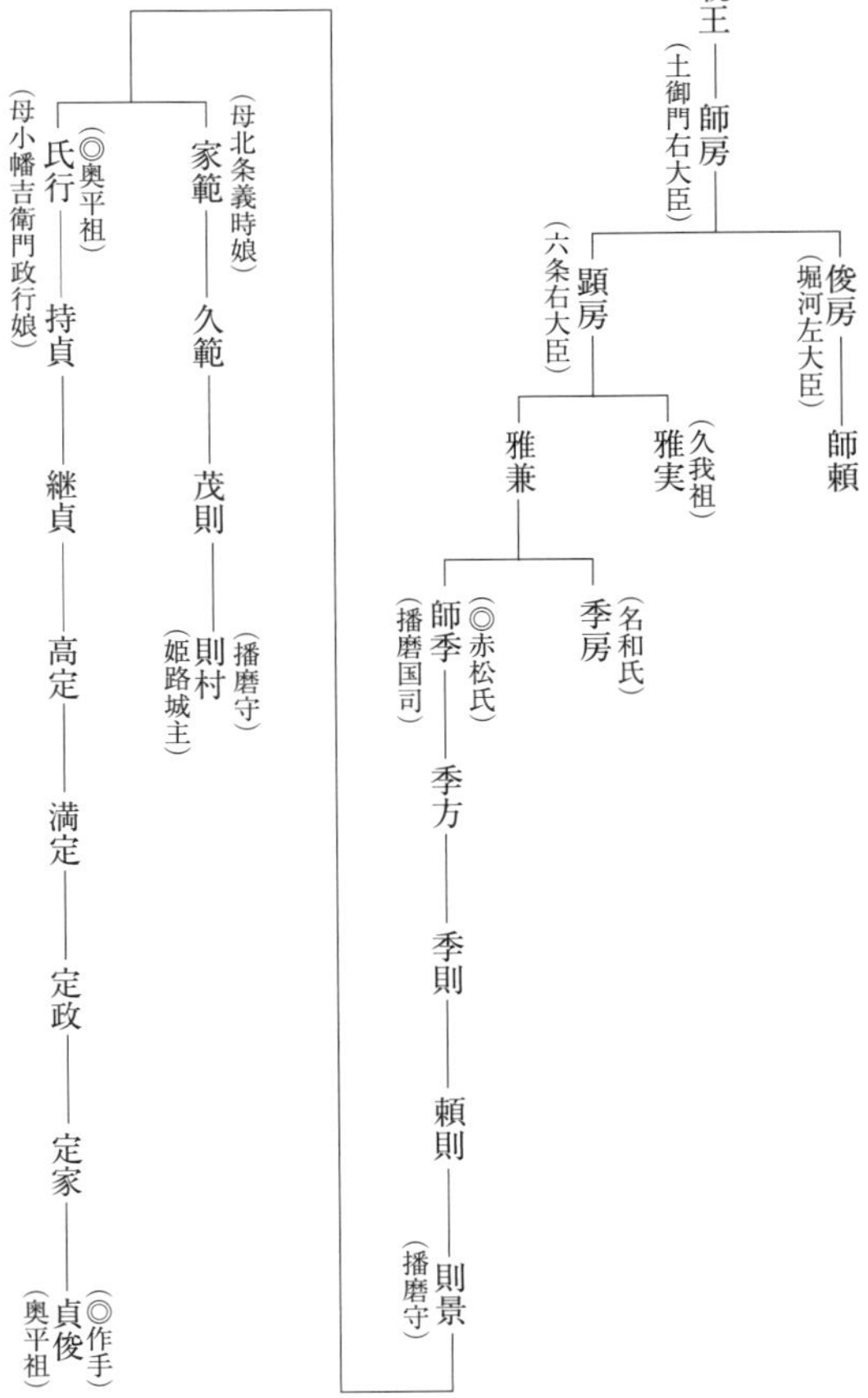

松氏に則景（播磨国司）という人物がいます。鎌倉幕府の源頼朝に仕えたこの則景の、二人の子供家範と氏行のうち、次男氏行が、関東武士の武蔵七党で平氏の児玉氏に養子のようなかたちで入り込んで家を継いだ。その氏行が奥平の祖であるから、したがって奥平氏は元は村上源氏かもしれないが、平氏であると。そのあと十七世紀末と、『寛政譜』作成時に奥平家は、自分の家は源氏だと言って系図を出しましたが、幕府は「寛永のときに平氏とすべき理由があった、だから、今回も平氏だ」として、『寛政譜』においても奥平氏は、赤松の裔であることは一応認められながら平氏に分類されました。

そのようなことで、つながらない源氏の赤松と平氏の奥平ですが、実はつながっているはずです。「はず」と言うのは、江戸時代の武家の系図が一体どこまで信用できるかという大きな問題があるからです。

これには、徳川家康が本当に源氏かという大問題もからんできます。源氏だと言っていた家康は、三河守に任命される折、「実は新田源氏の一族に藤原氏になった家があって、自分の家はその家である」といって三河守に任命されました。ところが関ヶ原合戦のあと征夷大将軍になるには源氏でなければならないことになり、藤原姓を元の源姓へ戻す作業をしました。

また、家康の母於大の方の実家水野家は、有名な水野忠邦をはじめとして老中などがたくさん出た家です。この家が元禄年間（一六八八～一七〇四）ぐらいになって家譜をつくりましたが、その家譜の編者が「水野記」という書物にこう書いています。「水野家はずっと藤原氏だといって、各地の寺や神社に寄付した灯籠や鐘などには「水野○○藤原何某」と書いてきた。とところが今度幕府の意向で源氏になれと言われて、大変とまどっている。系図は書き換えられるが、各地に寄進した灯籠などの銘はどうするのだろう」。ことほどさように、江戸時代の武家の系図は信用しがたいものが多いということです。ある人など、「鎌倉時代以来間違いなく続いているのは、薩摩の島津だけだ」と言うほどです。

◆三河の国人領主奥平氏

さて奥平氏には、氏行が上野国甘楽郡奥平郷（群馬県多野郡吉井町下奥平）に住み着いた、そして甘楽郡の郡司になった、という話が残っています。つまり、平安後期か鎌倉初期の小規模な開発領主がうまく朝廷や幕府につながってのし上がり、郡司という地位についた、こちらのほうが先ほどの話より、少しは本当に近いかもしれません。

そして奥平郷に住み着いた奥平氏が代を重ね、貞俊が事情あって三河の作手に移ってきたのが南北朝内乱期の一三七五年～八〇年ごろという来住伝承を持っています。

三河にはなぜか、群馬県・千葉県・埼玉県辺りからやって来たという伝承を持つ家がいくつかあり、最も典型的なのが家康の祖先松平氏です。元々松平というところに松平何某という家があり在原業平の子孫だと言っていた（本当かどうかは別として）、そこへ新田源氏の分家世良田氏のまた分家の徳川親氏が流れ流れてやって来て、松平の養子になった。つまり、元々松平に松平がいたわけですから、これはまだ話の受け止めようがあります。

しかし奥平氏の場合は、受け止めようがありません。奥平氏が来たという作手は、遠江と美濃を結ぶ道、現在の国道三〇一号に当たる山あいの道の中間地点にあって、途中には長篠合戦の地もある、軍事的にはなかなか大事なところです。しかも山あいでありながら結構平地が多くて、水田があった地帯でした。平安時代にさかのぼる古いご本尊を持つ寺の跡も残っているのですが、その寺を誰がつくったかも含め、奥平氏が来る前の言い伝えは何もなく、奥平氏がどういう曰く因縁でこの山あいの小さな盆地に来たか、全然わかりません。いくら南北朝内乱期とはいえ、南朝の天皇からもらったとか、北朝の将軍からもらったとかいう理由がないと、なんの権利関係もないところへ突然入り込んで「ここは俺の土地だ」と主張しても、元々住んでいる人間を説得できるわけがありません。

奥平に限らず、三河の、のちに徳川の家臣になっていったような武士たちには結構そういう例が多い。では三河武士というのは強盗集団かというとそうではないのであって、きちんと室町将軍家につながっており、足利氏は三河の守護を鎌倉時代からずっとやっていた家ですから、奥平もその家来の家来ではないかと私は考えています。

三河武士たちも、そのような徳川家に従う以前の話が家の伝えに残されていたはずですが、徳川幕府との関係で一切表に出さず、それに合うように系図も編まれてしまったようです。奥平氏もそのようなことで、「あるとき突然三河にやって来た」という話になってしまったと思われます。

一五〇〇年ごろになると、奥平氏は信頼できる同時代の古文書類に姿を現すようになります。そのころには作手にいて、国境を越えた駿河・遠江の大名である今川氏の家臣になり、領地をもらって、今川氏が三河に攻め込むときには、その道案内をしました。そのあと今川氏の力が桶狭間合戦後に弱まっていくと徳川家康に従いました。家康は、織田信長と同盟を結んで武田信玄と戦い、武田は勢いを強め、甲斐・信濃を本拠地にして、東海道の一つ裏道を通って、山から攻めてきました。しかし平地、東海道の道筋では、徳川・織田が連合して武田と戦っていました。それで奥平は、武田と徳川のあいだを行ったり来たりしながら、なんとか生き残ろうとして大変苦労しました。

その間に、遠江からの道筋と豊川の水運の要所である長篠城を手に入れて武田についていたのが、天正元年（一五七三）徳川家康に鞍替えして、その結果人質に出していた一族を殺されるという苦労をしました。

長篠は、三河（愛知県東部）と遠江（静岡県西部）を押さえる戦略的重要性の高い場所です。

北の甲斐・信濃の山岳地帯を抜けてくる、とくに信濃から抜けてくる武田の勢力の橋頭堡になるような場所で、もしここを武田ががっちり押さえるようになると、三河から遠江にかけての徳川氏の支配はがたがたになります。その城をめぐって取ったり取られたりの大変な戦いがあり、最終的に武田勝頼が天正三年に長篠城を攻め、三千ぐらいの奥平氏に対して二万といわれる軍勢をつぎこんでなんとか陥落させようとしましたが、陥落させきれない。そこへ家康と信長が連合して、長篠・設楽原合戦と呼ばれる合戦となり、織田・徳川連合軍が勝利を収めました。武田の騎馬部隊を、三千丁の鉄砲を三段撃ちして徹底的にやっつけた話が有名ですが、どこまで本当かは議論があります。

この敗戦により、それまで攻勢であった武田氏が、三河から遠江の辺りへ思い切って出てこられなくなり、そういう意味で大きな軍事的転換点になりました。奥平は、そんな戦いの非常に重要なキーマンであったのです。

◆奥平松平家の成立

その翌年の天正四年(一五七六)、徳川家康の長女亀姫が奥平信昌に嫁入りしました。織田信長の命令によるものではないかといわれています。というのは、信昌は最初定昌といっていたのが、信長の信の字をもらって名前を変えているからです。そのくらい奥平氏の働きが、織

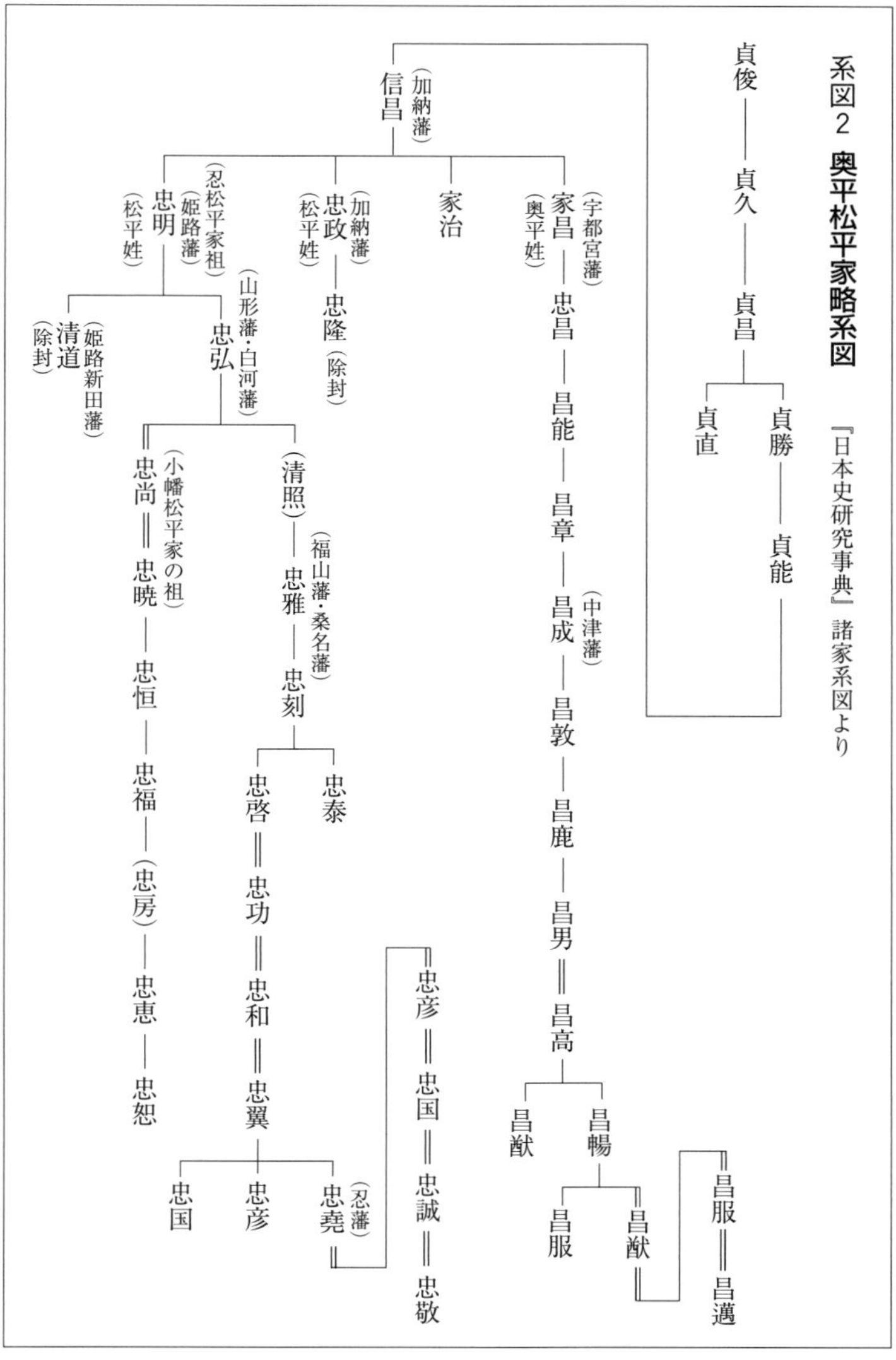

系図2 奥平松平家略系図
『日本史研究事典』諸家系図より

田・徳川連合勢力にとって非常に大きな意味を持ったわけです。この結婚により奥平氏は、徳川氏と非常に強い関係を持つことになりました。

家康以降の系図をみると、亀姫が長女、亀姫の兄が長男信康、信康の妻は徳姫という信長の惣領娘です（系図3）。亀姫は家昌・家治・忠政・忠明の四人の男子を持ちました。長男の奥平家昌は奥平の跡継ぎですからこれは別として、その下の三人を家康が全部ひとまとめで養子にしました。当時の養子は養家にとって戦力ですから、出来のいい男の子を何人も養子にとって自分の子と同じように面倒をみて、自分の家のために使いました。養女も同じです。NHK大河ドラマのお江は、大変な人でした。信長の姪であって秀吉の養女になり、家康の跡継ぎに嫁いだのです。浅井家云々といいますが浅井家よりもっと意味を持ったのは信長であり秀吉であり家康であり、この三代をつないだ女性がお江でした。ですから養女にした以上は徹底的に面倒をみて、政略結婚させ、政治的敵対勢力をくっつけたり、味方を増やしたりしました。このように養子・養女は、当時の戦国武士にとっては大変な意味を持った関係だったことを押さえておかなければなりません。

そういう観点からすると、松平忠明は、当時の養子が期待されていたことに、実によくこたえた人だということができるかもしれません。家康の養子になったのは天正十六年（一五八八）六歳のときでした。文禄元年（一五九二）兄家治が早世したので、その領地七千石をもらいました。慶長四年（一五九九）徳川秀忠から忠の字をもらい、忠明と改名しました。改名する以前は清匡（「きよただ」あるいは「きよまさ」）といいました。慶長五年、十八歳で関ヶ原合戦に従軍しました。なかなか戦争がうまい人だったようで関ヶ原の勝利のあと慶長七年、前の七千石に併せて一万石加増を受けて、十四世紀の末以来本拠にしていたと伝える作手に、一万七千石の作手藩をつくりました。さらに慶長十五年、二十八歳のときに、伊勢国の亀山城主五万石に取り立てられました。

そして慶長十七年、家康から武具（甲冑・石火矢・大鉄砲各十二、鉄砲三百、弓・槍・番具足）をもらったと伝えています。このときもらった甲冑は、家康が戦場で何度か着たという曰くのある品だったそうです。石火矢というのは大砲で、のちに大坂の陣のときに忠明が大坂城に向かって大砲を撃ったという記録がありますが、このときにもらった石火矢だったようです。この時代の大砲も鉄砲もそうですが、弾は破裂しません。大きな鉄の玉が飛んできてドカンと当たって壁やら建物やらが壊れるのみで、近代的な大砲とは全然違いますが、この大砲に大坂方は心理的にずいぶん悩まされたようです。大鉄砲というのは、弾の直径が五センチぐらいの規模の小さい大砲です。鉄砲の弾は大体パチンコ玉くらい、あるいはあれをちょっと大きくしたぐらいのものです。丸くてしかも鉄製ではありませんでしたから貫通力はそれほど強くありませんでしたが、それでも鎧も何もなしに当たったら怪我をしますし当たり所が悪ければ死にます。また、鉄砲三百丁などというのは、家康の家臣で、のちに一万石程度の大名になるような家でだいたい鉄砲を五十丁から百丁持っていれば御の字、十万石の大名で三百丁ぐらいの鉄砲を備えることになっていましたから、当時としては一大軍団でした。そういうものを家康が与えたというのは、つまりそれほど忠明は、軍事的才能に優れた人物だと評価されていたわけです。

実際にその期待通りに働くわけで、その一大舞台が、慶長十九年から始まる大坂冬の陣・夏の陣でした。大坂冬の陣のとき、三兄忠政（美濃加納藩・十万石）が美濃国の軍勢を率いて出陣するはずでしたが、陣直前に死んでしまい、結局忠明は、兄の軍隊と自分の亀山五万石の軍隊を率いて大坂の陣に駆けつけることになりました。そして先ほど述べたように、大砲を撃って大坂城を脅したりなどしました。冬の陣後、和平が結ばれたあと大坂城の堀を埋める奉行の一人としても活動しました。

翌年の夏の陣のときも、獅子奮迅といっていい働きをしました。五月六日道明寺誉田（藤井寺市）の戦いで、後藤又兵衛の軍勢とぶつかり合って首三十一を取り、後藤又兵衛はこのときの戦いで討ち死にしました。その次の日には大坂方の首を七十三取りました。

大坂冬の陣・夏の陣の手柄の第一は、家康の次男結城秀康の長男である松平忠直（越前北ノ庄藩主）です。その次が井伊直孝と藤堂高虎で、それぞれ領地五万石ずつを新しくもらいました。武功第三が松平忠明で、五万石加増されて大坂城主となりました。

ただなぜか、武功第一といわれた松平忠直は一切領地をもらえませんでした。これが原因で忠直は幕府に反抗的になり、元和九年（一六二三年）に領地取り上げになってしまいました。家康が忠直に領地を与えなかったについてはいろいろな憶測があり、福井ですでにもらっていた三十万石がもらい過ぎだったからという説もあります。また、大坂方の領地は秀頼が持っていた大坂城を中心とした地域の五、六十万石しかなく、それで藤堂高虎のように全家臣の三分の二が戦死するような大変な戦いをした人を優先して報いなければならなかったから、というのもあります。

大坂の陣のあと忠明が五万石加増されて大坂城主になり、大坂に一度だけ大坂藩ができたといわれています。これはいろいろ議論があって、忠明は大坂藩主であることは間違いないが、大坂城は豊臣のものから徳川のものになった将軍の城なので、大坂城に関していえば城代だという意見もあります。とにかく、すっかり荒廃した大坂の町を復興して、大坂の町の繁栄を取り戻す基礎をつくることが忠明に課せられた使命だったようです。たとえば道頓堀を完成させたのは忠明のときだといわれています。慶長十七年に安井道頓がつくり始めて戦時には工事が中断していた道頓堀を、忠明が援助して完成させました。

一応四年で大坂の復興・復旧ができたということで、元和五年（一六一九）大和郡山へ二万石加増の十二万石で移ります。ちなみに忠明が移ったあと大坂藩はなくなり、これ以後大坂には藩主はいません。大坂城主は将軍であって、大坂城では大坂城代が一切を取り仕切るという仕組みになって、明治維新までずっと続いていきました。

大和郡山へ移ってからの忠明の動きは、城を立派にしたとか城下町をつくった以外のことはあまり知られていません。おもしろいのは、荒木又右衛門が渡辺数馬に助力した「決闘鍵屋の辻」と呼ばれる仇討ちがありますが、この荒木又右衛門は大和郡山藩の松平忠明の剣術指南の地位にありました。『寛政譜』には、寛永三年（一六二六）に前将軍秀忠と将軍家光が「渡御」（立ち寄った）とあります。忠明が徳川将軍家にとって信頼できる人物として位置づけられていたことがわかります。

◆徳川一門で最後の戦争経験者

徳川家康の長男信康と、織田信長の惣領娘徳姫のあいだには女の子が二人生まれ、上の福姫は、信濃国の松本近辺の大名小笠原秀政に嫁入りしました。秀政は慶長二十年（一六一五）に大坂の陣で討ち死にしました。秀政と福姫の長男忠脩もやはり父親と一緒に討ち死にし、その弟も重症を負いましたから、家康の孫娘の夫とその子供は大坂の陣で、家康のために大奮戦をしたのです。妹娘の国姫は、徳川四天王の一人本多忠勝の息子で、姫路藩の四代目の藩主にな

系図３ **徳川氏略系図**

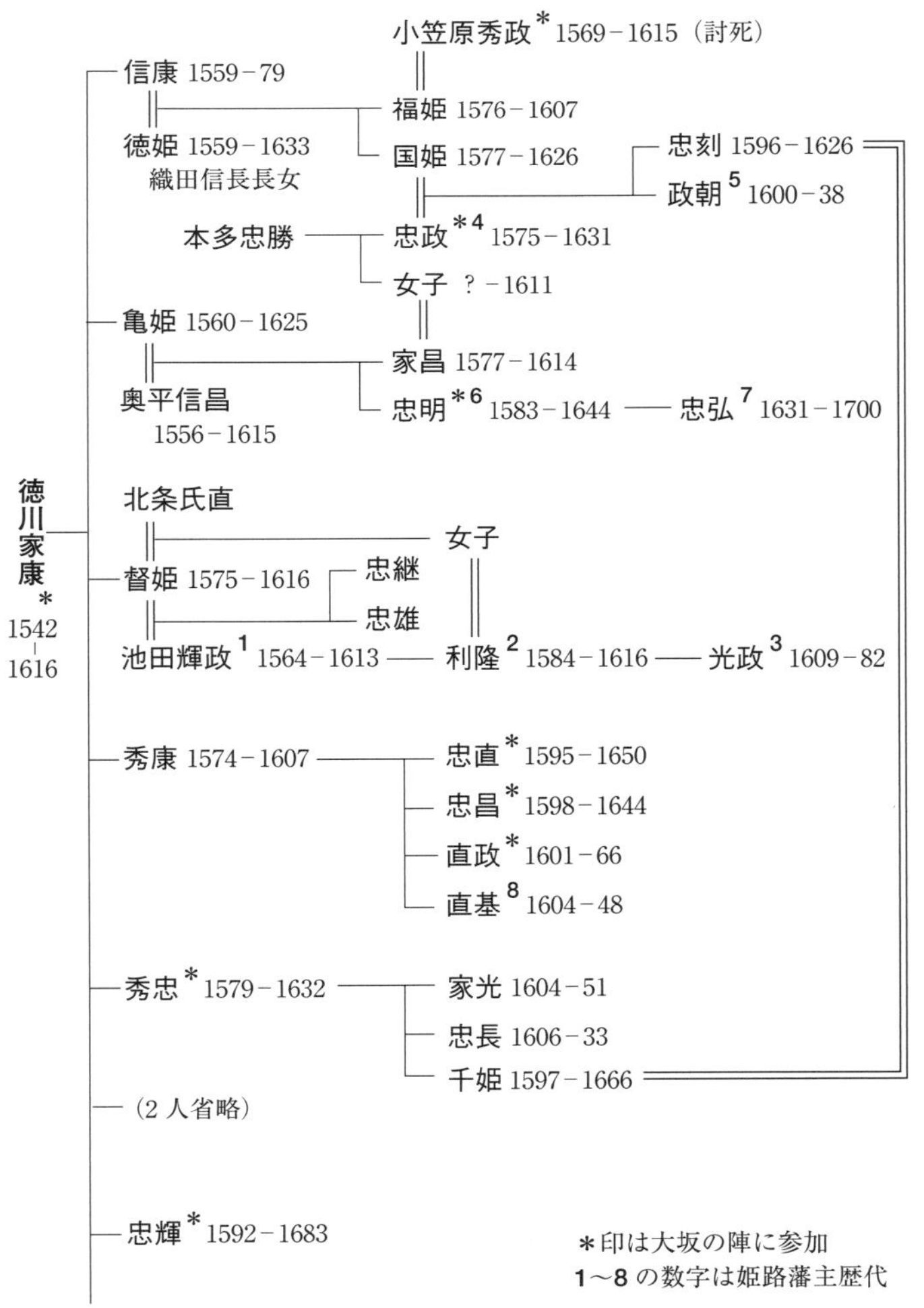
小笠原秀政* 1569－1615（討死）
信康 1559－79
福姫 1576－1607
徳姫 1559－1633
織田信長長女
国姫 1577－1626
忠刻 1596－1626
政朝 5 1600－38
本多忠勝
忠政*4 1575－1631
女子 ？－1611
亀姫 1560－1625
家昌 1577－1614
奥平信昌
1556－1615
忠明*6 1583－1644
忠弘 7 1631－1700
徳川家康*
1542－1616
北条氏直
女子
督姫 1575－1616
忠継
忠雄
池田輝政 1 1564－1613
利隆 2 1584－1616
光政 3 1609－82
秀康 1574－1607
忠直* 1595－1650
忠昌* 1598－1644
直政* 1601－66
直基 8 1604－48
秀忠* 1579－1632
家光 1604－51
忠長 1606－33
千姫 1597－1666
（2 人省略）
忠輝* 1592－1683
*印は大坂の陣に参加
1～8 の数字は姫路藩主歴代

る忠政と結婚しました。忠政は大坂の陣では無事でしたが、その弟忠朝が夏の陣で討ち死にしました。

系図3で＊の付いている人が大坂の陣の参加者で、家康の子や孫世代くらいまで、国内における最後の大規模戦争である大坂の陣に参加しました。つまり家康の孫世代ぐらいが、戦国時代の戦争がどんなものだったかを知っているかどうかの大きな分かれ目となったのです。これはのちのちの松平忠明の位置を考えるうえでも重要なことになります。

家康の息子たちのうち、長男松平信康・次男結城秀康は大坂の陣前に死にました。三男の秀忠は将軍で、当然のことながら家康を助けて大坂の陣に参加しました。四男・五男は早死にし、六男の松平忠輝は戦争に参加して、信州松代で五十万石ぐらいもらっていたのが、家臣の統制がつかなくて争いを起こしたという理由で大坂落城の翌年元和二年（一六一六）に領地を取り上げられ逼塞させられました。天和三年（一六八三）までと、家康の子供で一番の長生きをしましたが、この元和二年で戦力外になったのです。七男・八男も若死にして、そのあとの九男徳川義直・十男徳川頼宣・十一男徳川頼房がそれぞれ尾張徳川家・紀伊徳川家・水戸徳川家になりますが、九男の義直は大坂の陣に初陣として十五歳で出ましたが、これは戦争をしたうちには入りません。その下の紀伊の頼宣は十三歳、その下の水戸の頼房は十二歳でしたから、戦場に出ていません。

それから、次男結城秀康の子の松平忠直は大坂の陣に参加して活躍しましたが、先ほど申し上げたように領地取り上げになって結局幕府政治から外されてしまいました。忠直の弟たちは一世代若い。

ですから、家康の息子年代で、大坂の陣経験者、つまり戦国時代最後の戦争を最もよく戦って生き残った松平一族は、将軍秀忠を除くと奥平からの養子である松平忠明しかいないということになったのです。

家康の跡を継いだ秀忠は、二十六歳の慶長十年（一六〇五）にはすでに家康から将軍職を譲られていましたが、決定権は家康が持っていました。「大御所政治」「二元政治」と呼ばれ、最終的には駿府の家康がうんと言わないと何事も決まらないという仕組みが続いていきました。大坂の陣の翌年元和二年（一六一六）四月十七日、駿府で家康は七十五歳で亡くなりました。やがて東照大権現という神様にまでなっていきます。家康が亡くなったのは、秀忠が将軍になった十年後ですから三十代後半でようやく自立することができました。元和八年（一六二二）、四十四歳のときに秀忠は隠居して、当時まだ二十歳だった息子の家光に将軍職を譲りました。秀忠は家康と同じように大御所と呼ばれて最後の決定権を握っていました。

大坂の陣まではいわば一種の戦争状態がだらだらとしながらも続いていて、すべて軍事優先で動かされる時代でした。とにかくそこでは戦争がうまそうな奴と、それから今風にいえば税金の取り立てと会計事務ができる人間が最も必要でした。目先の戦争に勝つためには家柄も序列もお構いなしで、家康は場合によっては外様大名であろうとなんであろうと役に立つものは全部集めて、それを意のままに動かし、政治を進めました。

しかし大坂の陣のあと世の中は平和になりました。少なくとも豊臣家のような財力と名声を持つ家で、徳川幕府に敵対する勢力はなくなりました。外様大名がいましたが、彼らは一つの家だけではとても軍事的に徳川幕府に対抗できなくなりました。そうなると今度は、世の中をどううまく治めていくか、どう新しい政治をつくっていくかということが大きな問題になってきました。その段階が、秀忠とその跡を継いだ家光の時代、元和偃武と呼ばれる、戦争が一応終結した時代です。

秀忠は寛永九年（一六三二）一月二十四日に亡くなりました。五十三歳でした。一月三十日、徳川幕府編纂の『徳川実紀』によると、松平忠明と井伊直孝に対して家光の命令が下りました。「松平下総守忠明は此後三年滞府して、井伊掃部頭直孝と共に大政にあづかる」つまり参勤交代しないでずっと江戸にいて、幕府の政治に関与せよという命令が下ったのです。「幕政参与」といえるでしょう。忠明四十八歳、大和郡山十二万石の藩主のときでした。

秀忠の遺産分けから、忠明の幕府における重要性がうかがわれます。跡継ぎの家光には金三十万枚。御三家には銀二万枚ずつ。その次に多かったのが井伊直孝で銀五千枚、その次が忠明で銀三千枚。この時期に生きていた秀康の子供たち（忠政、直政）が大体銀千枚でした。

先ほども申し上げたように、この時点で戦争を知っている徳川一門は松平忠明を除くと、秀康の子供たち二人ぐらいしかもういなくなっていました。あと譜代の家臣で井伊直孝がいるぐらいです。秀忠が亡くなった時点で尾張の義直が三十三歳、紀州の頼宣が三十一歳、水戸の頼房が三十歳で、三代将軍家光と将軍家を守り立てる役割を果たせる年代になってきました。しかし忠明が四十八歳、井伊直孝がそれより少し下で、戦争経験も豊かでしたから、戦争経験を持たない若い世代の上で、大坂の陣を知る井伊直孝と松平忠明ががんばるという仕組みが、このあとしばらく続きました。

秀忠が亡くなった三年後の寛永十二年（一六三五）に武家諸法度が改訂され、参勤交代の制度が確定しました。幕府の役職者と御三家の一つ水戸家だけは参勤交代がないのですが、あとは一年おきに江戸と自分の藩の城とのあいだを行ったり来たりするのです。それから人質政策で大名の妻子はすべて江戸に置きます。これは大名統制の最も有効な手段でした。参勤交代にかかる費用はとてつもなく、それによって戦争できるだけの軍事費が残らないようにしたのだといいます。もちろんこれによって日本国内の交通が開け、経済的な繁栄が起こり、また文化が地方へ伝わっていったという、いい面もありました。

同じ寛永十二年から、いわゆる鎖国が始まりました。海外との交渉を公的に持てるのは幕府だけで、日本人は私的に交渉してはいけない、海外に行ってはいけない。海外に行った日本人は帰ってきてはいけない。国内に出島をつくって外国人はそこ以外には住めないようにする。さらにポルトガル人との外交を禁止しオランダ人以外とは交渉を持たない。そうして寛永十六年（一六三九）には「鎖国の完成」と呼ばれる状態になりました。

同じ寛永十二年、それまで幕府の領地ではある程度進められていたキリスト教の禁止命令を全国に及ぼして、必ず毎年、すべての国内の人間がキリスト教信者ではないという証明を寺を通じてさせる、宗門改めという制度をつくりだしました。

このように秀忠以降、敵対者がいないなかでどうやって武家政権が日本を動かしていくのかを模索しながら仕組みと手立てをつくっていき、それが実ってくるのが家光の段階です。

そういうものに忠明が、幕政参与という立場でどこまで関わったのか、細かいところはわかりません。おそらく、最終的には将軍家光が判断を下して、それを支えるのが忠明と井伊直孝で、その下に土井利勝をはじめとする十年ぐらい若い老中たちがいて、そこで大体一国の政治の仕組みの大きなところが決まっていったということはいえます。

忠明は、戦争経験の問題と同時に、御三家とは違った立場で徳川一門の最年長者、長老ということで幕府政治のお目付け役というか、大所高所からの判断をする人物というか、そういう役割を担っていたのではないかと思われます。それが単に形だけではなかったのは、秀忠やその妻の江の法事は将軍家光がやるわけですが、京都の天皇から勅使が派遣された芝の増上寺での秀忠の一周忌法要で、御三家の次に井伊直孝と忠明が位置していることからもうかがえます。また、朝鮮通信使が来たときには家光の脇には、直孝、忠明、土井利勝、酒井忠世がつきました。このように『徳川実紀』からは、しばらくのあいだ大事なことに関しては井伊と松平忠明が家光のそばについていたという様子を読み取ることができます。

また、家光が弟忠長を改易しさらに自殺させたり、従兄弟を追い出したり、徳川家内部の権力闘争があったわけですが、そのなかで忠明が果たした一門の押さえみたいな役割も、ずいぶん大きかったと思われます。

◆「西国探題」の役割

松平忠明が幕府政治において大きな役割を果たしていたことは、寛永十六年(一六三九)に六万石加増されて姫路十八万石の六代目藩主になったことからもわかります。戦争もないのに五割増しの六万石加増などというのは破格の待遇です。五十五歳でした。

姫路藩では、池田輝政・利隆・光政と三代続いたあと四代目に本多忠政が入ってきて、長男の忠刻に千姫が嫁いできて今の白鷺城のいろいろな造作ができました。その忠刻が跡を継がないうちに亡くなって五代を政朝が継ぎましたが、姫路というところは若造では務まらないということになっていて、それが忠明が姫路に入ってきた理由の一つです。これは池田光政が三代目を継いだときに幼少であるという理由でもって本多が入ってきたことからもわかります。つまり姫路が政治的・軍事的にいかに大事なところだったかということです。

あらためて姫路の位置を系図3から見てみます。丸数字が歴代姫路藩主ですが、少なくとも八代目までは全部、男系か女系かで徳川家とつながっている人ばかり、しかも跡継ぎが若いとパッと変えられてしまうわけです。

もう一つ、忠明の姫路移封には、寛永十四年から十五年にかけて起こった島原の乱の影響があります。

これは島原天草地方で起こった、熱心なキリスト教信者が多数を占めた百姓一揆です。大坂の陣から二十年経ったこの時期、幕府の中心部あるいは徳川一門に大坂の陣の経験者が一体どのくらいいたのか。動員命令が出て、備後福山（広島県）十五万石の大大名になっていた水野勝成はこのとき八十一歳でしたが、自分の息子が若死にしていて、当主が戦争経験のまったくない孫でしたから、戦争のやり方を教えるために自ら出かけました。それぐらい人材払底していたのです。水野勝成は大坂の陣のときにすでに五十を過ぎていて、当時一般的に戦場で働けるのは四十歳までといわれていたにもかかわらず、第一線に立って家康に怒られたほどでした。それでも第一線に出て、とうとう大坂城一番乗りまでやってしまったという、とてつもない人物です。

水野勝成や松平忠明は、大坂の陣のときには三千人ぐらいの部隊を動かして、真田幸村や毛利勝永、大野修理といった大坂方の討ち死に覚悟の連中と生きるか死ぬかの戦争をやりました。しかしその経験が伝承されておらず、戦争のやり方がわからないわけですから、最初のころは一揆勢のほうがものすごく強いという変な状況が起こったりもしました。オランダ商船に載せてある大砲を借りて一揆勢の立て籠もる原城に砲撃をかけましたが、あまりにもみっともないと言われて二度目はやらなかったそうです。そんなことまでしなければいけないぐらい幕府側の軍事的能力は落ちていたのです。また、幕府の第一次司令官板倉重昌が討ち死にするという事件もありましたが、寛永十四年十月に起こった島原の乱は、三カ月かかってようやく鎮圧するに至りました。

この島原の乱のあと忠明が姫路に移されたのは、一つには軍事的経験が買われてのことです。忠明の行ったこととして、海上交通路の整備や灯台建設の話が伝わっています。軍事上から瀬戸内海の海上交通をいかに握るかという狙いがあったようです。また、寛永十九年には長崎に外国船がやって来ました。オランダとの戦いに負けて日本に来ることのできなくなったポルトガルが長崎に武装して攻めてくるのではないかという情報が入ったとき忠明には、もしそういうことがあったら西国の諸大名を指揮して長崎に赴けとの幕命が出され、大坂城の大砲を貸し与えられた。忠明は家臣を長崎に派遣して船の準備をしたと『寛政譜』は伝えています。ちなみに、長崎警備の中心勢力の一つ肥前佐賀藩の初代藩主勝茂の嫡男忠直の室は忠明の娘でした。まさに西国探題として、一番西にいる徳川一門の忠明が、中国や四国を押さえている、場合によっては異国との戦いに備えているわけです。

三千人の部隊を動かしたり大砲を撃ったりできる軍事的能力と、家康の血のつながった孫という大義名分を併せ持つ人物が姫路にいて、徳川縁者として西に睨みを効かせる。それが、忠明の姫路藩移封の理由でした

◆おわりに

松平忠明は寛永二十一年（一六四四）三月二十五日に亡くなりました。六十二歳。その知らせを聞いて家光は、予定していた鷹狩りを取りやめて御三家から各大名に命令を出し、忠明が亡くなったからお悔やみするようにと触れを出しました。こういうことからも彼が徳川家にとって重要な役割を果たしていたことがうかがえます。

余談になりますが、家光はお江の子ではないという新説を福田千鶴さんという女性研究者が出されているので、紹介しておきます。家光には一年上の同腹の姉がいるのですが、一年で子供二人はつくれないという非常に単純な理由からです。しかしお江の子にしておかなければな

らない事情があり、公式記録にはすべてお江の子ということになっているというのです。お江は七人も子供を持ったことになっていますが、おそらく本当なのは忠長と千姫とその上か下かの子供三人だけだという説もあります。忠長問題というのはそこに理由があるのかもしれません。なお忠長排斥には、秀忠没後に幕政に参与した忠明と井伊直孝の意向も含まれていたと考えられます。松平一門長老の忠明と譜代諸氏の代表直孝の支持があってはじめて可能な処置であったと思われます。そのあたりに忠長問題を考える種があるかもしれませんが、これは学者によって史料の読み方の違うところで、どう決着がつくか、興味深いところです。

家康の血脈「松平氏」

今井修平

◆姫路藩主家の変遷

今日は結城松平氏について、以前『姫路市史』執筆の際に寛延一揆の関連で調べていた範囲で、話をさせていただこうと思います。

まず歴代姫路藩主の概観をしておきます。『姫路市史』第三巻を執筆したときに八木哲浩先生と相談して、播磨の近世のスタートを慶長五年（一六〇〇）の池田輝政の播磨入国、姫路藩政の開始に置きました。むろん天正八年（一五八〇）の秀吉の播磨平定も大きな画期ではありますが、それよりも、関ヶ原合戦後に池田輝政が播磨一国五十二万石の大名として入ってきたときがより重要な画期であろうと考えたためです。世界文化遺産の姫路城をつくったのもこの池田輝政です。輝政の死後、姫路藩は長男の利隆が跡を継ぎましたが所領高のうち宍粟・佐用・赤穂三郡十万石は輝政の継室良正院（富子）の化粧料として分知され、良正院の実子で岡山藩主の忠継に預けられました。この良正院というのは徳川家康の実娘で忠継は家康の孫にあたりますので、この処置は家康の血脈を優遇したものといえます。

姫路藩主を継いだ利隆が亡くなるとその子供の光政は幼少であるという理由で鳥取藩に移封されました。そのあとに徳川家譜代の本多忠政が姫路藩主となりました。忠政の所領は播磨一国ではなく姫路城を中心とする十五万石プラス部屋住みの忠刻の十万石で、これには忠刻に再嫁した千姫の化粧料という意味合いがありました。千姫も家康の孫ですからこれも家康の血脈を優遇した措置であるといえるでしょう。そのあと政朝の代になって本多氏も所替えとなりました。そのあと姫路藩主には奥平松平氏、結城松平氏といった徳川家の親藩の大名や、本多氏、榊原氏、酒井氏といった幕府の老中をつとめるような譜代大名が交代で入りました。とりわけ江戸時代の中頃までは藩主の交代が頻繁な時代がずっと続き、江戸時代の中頃に松平氏が三回目の姫路藩主であったときに寛延一揆が起こってしまいました。この寛延一揆が非常に大きな影響を持ったのか、そのあと入った酒井家は領内の政治の仕方を大きく改革して、幕末まで安定した政治をしました。

結城松平氏は、奥平松平氏が九年ほど続いたあと、まず松平直基が慶安元年（一六四八）に姫路藩主になりました。直基は江戸にあったまま一度も姫路に来ないうちに病気で死んでしまい、まだ幼少であった直矩が跡を継ぐのですが、直矩も姫路に国入りすることなく、家臣だけを姫路に派遣して、姫路藩主だったのは一年間だけでした。これが第一次松平時代です。

その後榊原氏が入り、寛文七年（一六六七）にもう一度、幼少のときに一旦入った松平直矩が入って、今度は足掛け十六年ぐらい姫路藩政を敷きました。直矩は何度か姫路にやって来ましたし、事跡も結構残っていますが、「越後騒動」という親戚の越後高田藩松平氏のトラブルで国替えになりました。これが第二次松平時代です。

直矩のあと本多忠国が入ってきて第二次本多時代が二二年続きます。その次再び榊原が入っ

姫路藩主の変遷

出典：『姫路市史』第十巻しおり

年代	領有期間	藩主名	領知高
1600	慶長5(1600).10.15	池田輝政《てるまさ》	52万石
	池田時代	利隆《としたか》	42
	元和3(1617).6.	（光政《みつまさ》）	
	元和3(1617).7.14	本多忠政《ただまさ》	15
		（別に部屋住 忠刻《ただとき》）	10
		政朝《まさとも》	15
	一次本多時代	（別に部屋住 忠義《ただよし》）	5
		（別に部屋住 政勝《まさかつ》）	4
		（政勝）	
	寛永16(1639).3.3	松平（奥平）忠明《ただあきら》	18
	松平（奥平）時代	忠弘《ただひろ》	15
	慶安1(1648).6.14	松平（結城）直基《なおもと》	15
	一次松平時代	直矩《なおのり》	
1650	慶安2(1649).6.9	榊原忠次《ただつぐ》	15
		政房《まさふさ》	
	一次榊原時代	（政倫《まさとも》）	
	寛文7(1667).6.19	松平（結城）直矩《なおのり》	15
	二次松平時代		
	天和2(1682).2.10		
	天和2(1682).2.12	本多忠国《ただくに》	15
	二次本多時代	（忠孝《ただたか》）	
1700	宝永1(1704).5.28	榊原政邦《まさくに》	15
		政祐《まさすけ》	
	二次榊原時代	政岑《まさみね》	
		（政永《まさなが》）	
	寛保1(1741).11.1	松平（結城）明矩《あきのり》	15
	三次松平時代	（朝矩《とものり》）	
1750	寛延2(1749).1.15	酒井忠恭《ただずみ》	15
		忠以《ただざね》	
1800		忠道《ただひろ》	
		忠実《ただみつ》	
	酒井時代	忠学《ただのり》	
1850		忠宝《ただとみ》	
		忠顕《ただてる》	
		忠績《ただしげ》	
		忠惇《ただとう》	
1871		忠邦《ただくに》	

※（　）を付した藩主名は襲封まもなく転封となったもの

てきて第二次榊原時代になりますが、榊原政岑が藩主のときに江戸でお気に入りの吉原の太夫を二千両で身請けして側室にしたことを幕府からとがめられ、越後高田（上越市）に転封になりました。その後政岑は隠居してその元太夫と二人で仲良く暮らしたそうです。政岑は文人タイプといいますか高級遊び人ですが、決して悪い殿さまではありません。上越市へ行くと榊原神社が祀られていて、榊原の殿さまは評判がいいようです。この榊原のあと寛保元年（一七四一）に松平明矩が入ってきて第三次松平時代が始まりますが、足掛け九年続いた段階で明矩が死んだことをきっかけに寛延一揆が起こりました。

藩政というものは単に変遷があるだけではなくて、その時代その時代の幕府の政治と対応関係があります。たとえば今日取り上げる松平氏の時代は、八代将軍徳川吉宗の享保の改革の後半期、吉宗が大御所として実権を握った時代にあたります。その前の榊原の時代はまさに徳川吉宗の享保改革が推進された時代でした。もう少しさかのぼると第二次本多時代は元禄期、徳川綱吉の時代になります。

姫路藩は寛延二年（一七四九）の寛延大一揆の前と後で、藩主の変遷の様相が大きく分かれます。前半は先ほど述べましたように藩主の交代が頻繁です。その理由の大半は、跡継ぎが幼少であったためでした。幼少では藩主としての務めができないと徳川幕府が判断したわけです。幕府の方では第四代将軍家綱が三代家光の死去によって八歳ぐらいで将軍になりましたが、幕府には幕閣がいるから、幼少でもちゃんとやっていけるのです。けれども姫路藩は、幼少では藩主はつとまらないと考えられました。姫路城主には、西国探題としての役割、西日本の諸大名に対して幕府の代わりに睨みをきかせるという、軍事的・政治的重要性があったからだといわれます。

寛延一揆でかなり大きな騒動が起こったあとに入った酒井家は、幕末まで安定していました。これにはいくつか理由があります。一つは、酒井家は寛延一揆の失敗を鑑みて、農政、つまり民百姓に対する政治をよりていねいに緻密にやったので、一揆を起こされるような失敗は繰り返しませんでした。天保四年（一八三三）に加古川筋で大きな一揆が起こりましたが、ここは姫路藩外で、姫路藩領内には全然影響はありませんでした。

もう一つは、江戸時代の後半になると、どの大名家も家老たちで運営できるようになって藩主はただの飾り物となり、家柄を継がせるためだけのものとなったので、殿さまが子供であったとしても影響はなかったのです。全国的にも大名の取り潰し少なくなっていました。

◆前半の歴代藩主家の特徴

姫路藩の前半の歴代藩主家で一番領地が大きかったのは池田輝政のときで、播磨一国五十二万石、息子忠継・忠雄の領地備前・播磨を合わせて九十六万石で、通俗的には「百万石」とか、「西国探題」「西国将軍」とか称されます。池田輝政自身は織豊系大名（織田信長や豊臣秀吉に取り立てられた大名）であって、徳川家からみれば外様になるのですが、徳川家康の娘督姫を後妻にもらい、家康は督姫が産んだ忠継、忠雄、輝澄、政綱、輝興に領地を分け与えて非常に優遇しています。それに対し姫路藩二代目藩主となった長男の池田利隆は輝政の先妻、摂茨木城主中川清秀の娘とのあいだに生まれた子で家康との血縁関係はありませんでした。しかし利隆は非常によくできた男で、大坂冬の陣・夏の陣ともに活躍し家康・秀忠からほめられるほどでした。彼の長男がはじめ鳥取藩主、ついで岡山藩主となり名君とされた池田光政です。

その次、本多・榊原が入りましたが、いずれも徳川四天王といわれた家です。家康とともに戦乱を勝ち抜いてきた勇猛果敢な三河ゆかりの家臣たちが譜代大名として、幕府を実質的に動かしていました。後半の酒井も大老職を出すような家柄ですから、姫路藩主となったのは多くは幕閣（幕府の責任者）の大名でした。

そのなかでちょっと毛色が違うのが奥平松平氏と今日のテーマの結城松平氏です。奥平松平氏ですが、松平忠明の母親が家康の娘で、家康にとって忠明は孫にあたることから奥平氏が松平姓を名乗ることが許されましたので親藩の扱いをうけ優遇されていました。

それに対し、結城松平氏は、家康の血脈としては「娘の子」というレベルではなくて、正味直系の、家康から血を受けた大名で、本来ならば徳川御三家と同等以上の待遇をうけてもおかしくない家柄の大名なのです。

◆結城秀康の運命

結城松平氏の祖結城秀康は、徳川家康の次男です。家康には側室が何人かいて、男子が九人生まれました。長男は、家康が織田信長と同盟を結んでいたから信長の「信」をとって信康といいました。ところがかわいそうなことに信康は、母親が今川義元の姪、築山殿だったので今川氏との内通を疑われて信長の命令で殺されました。家康は自ら手を下したわけではありませんが家臣に殺すことを命じたといいます。信長との同盟関係を守るために信康は若くして犠牲になりました。その次に生まれた男子が秀康ですが、小牧・長久手の戦いのあと家康が秀吉と和睦したとき人質として大坂に赴き、子供のいなかった秀吉に望まれて養子に入りました。だから秀吉の秀と家康の康をとって秀康なのです。優秀な非常にいい男だったようで秀吉にかわいがられ豊臣一族大名として活躍しましたが、秀吉に実子鶴松が生まれたのち、関東の名家で、鎌倉・室町時代を通じて由緒のある結城という大名家の名前を継ぐことになって、結城秀康という名前を名乗りました（のち松平姓に戻ります）。秀康は信康が死んだあと徳川家の長男的な立場にいたのですが、豊臣家に養子に入り、さらに結城氏を相続したことで徳川家の後継者としてのルートから外れてしまいました。その結果として家康の三男の秀忠が徳川家を相続し二代将軍となったのです。

家康のそのほかの息子たちのうち忠吉、信吉、忠輝はそれぞれ分家して東條氏、武田氏を相続しましたが、忠輝が元和二年（一六一六）に除封されるなど、わりに早くに家が絶えました。

しかし義直、頼宣、頼房の三人は、徳川家の分家としてそれぞれ尾張徳川家、紀州徳川家、水戸徳川家の御三家となりました。徳川将軍家として宗家の血筋が絶えたときのためにこの三人には徳川の名字を名乗らせたのです。
　秀康は本来ならば徳川家であってもおかしくないわけです。けれども一旦豊臣に養子に入った人物で結城氏を継いでいるからということで、のちに松平姓には戻りましたが徳川は名乗っていない。けれども家柄からいえば御三家よりも上ですから、弟たちよりも上という意識があり、そこに秀康の独特の屈折が生じたと推測されるわけです。

徳川氏略系図

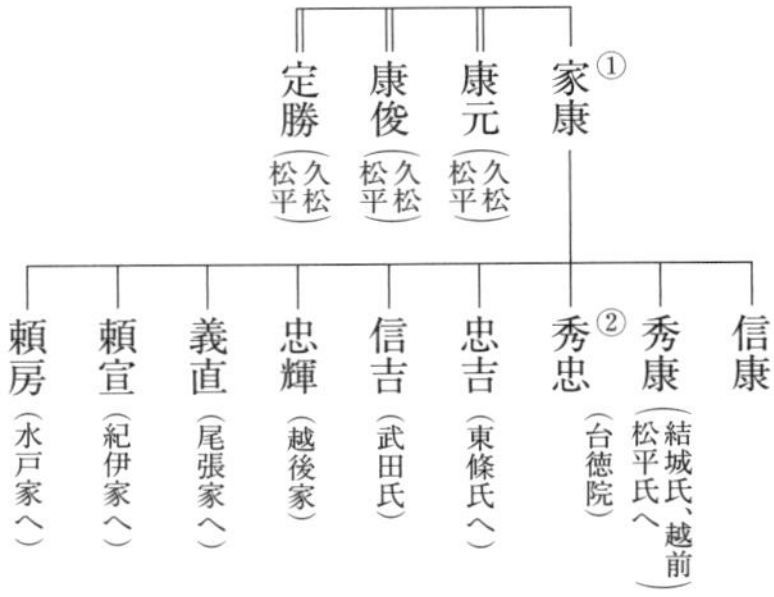

『日本史総覧』新人物往来社より

　松平氏というのは、家康が徳川姓を称するまでの本姓で、分家筋には大給松平氏とか大河内松平氏、吉田松平氏などいろいろな松平姓の大名がありますが、それは家康以前に分家して三河各地に展開した十八松平氏と称されます。また家康の異父弟三人の子孫が久松松平氏です。一方、家康の子孫で松平姓を名乗ったのが越前松平（結城松平）家で、秀康の系統が分家していって結構広がりました。そのほか紀州徳川家など御三家からの分家が松平姓になった場合がありましたが、基本的には家康の子孫としての松平はこの一族です。忠輝の系統は消えましたから、徳川御三家と結城秀康の家が家康の息子の家として存続するわけです。それとは別に島津氏、毛利氏など有力外様大名に松平の称号を与えていますが、ここでは除外しておきます。

◆長男忠直の不幸

結城秀康の長男は、松平忠直です。戦前戦後にかけての大衆小説家菊池寛の有名な小説に『忠直卿行状記』があります。家康との血縁関係からいうと二代将軍秀忠や御三家の兄にあたる秀康に始まる家柄を継いだ忠直は、大阪冬の陣・夏の陣でもかなり大きな手柄を立てて家康や秀忠から気に入られるのに、褒美は茶道具一つもらっただけだとか、恩賞に不満があって、家康の死後は参勤交代を拒んだとかいう話があります。一方、領地の越前で、人倫にもとる暴虐なことをやったという話が伝わっています。たとえば側室が人の死ぬところを見たいと言ったので、罪人が出るたびに斬るところを見せて喜んだとか、それに飽き足らなくなって罪のない人まで殺すようになったとか、あるいは妊婦の腹を割いたとか、越前福井には妊婦の腹を割いた石のまな板と伝えられるものが今でも展示してあるという話です。菊池寛の小説は忠直の屈折や葛藤を描いているのですが、調べてみると忠直の無茶苦茶な暴虐行為というのは、忠直が死んでから百年後ぐらい、元禄以降に書かれた物語に出てくるだけで、同時代に書かれたものではないのです。同じような話が、たとえば関白豊臣秀次にもあって、秀頼が生まれたためにやけを起こして道行く人を弓で射たとか妊婦の腹を割いたとか伝わっています。これらの話は実は中国の古代の歴史書が出典で、殷の紂王など悪虐非道なことをして結局国を滅ぼした悪い皇帝として描かれる暴君の話からとっています。

忠直については後世尾ひれがつきすぎたきらいがありますが、そうはいっても何らかの不始末、具体的には十三歳で家督を継いで成人後さまざまな武功をあげるものの、老臣たちの対立

結城松平氏系図

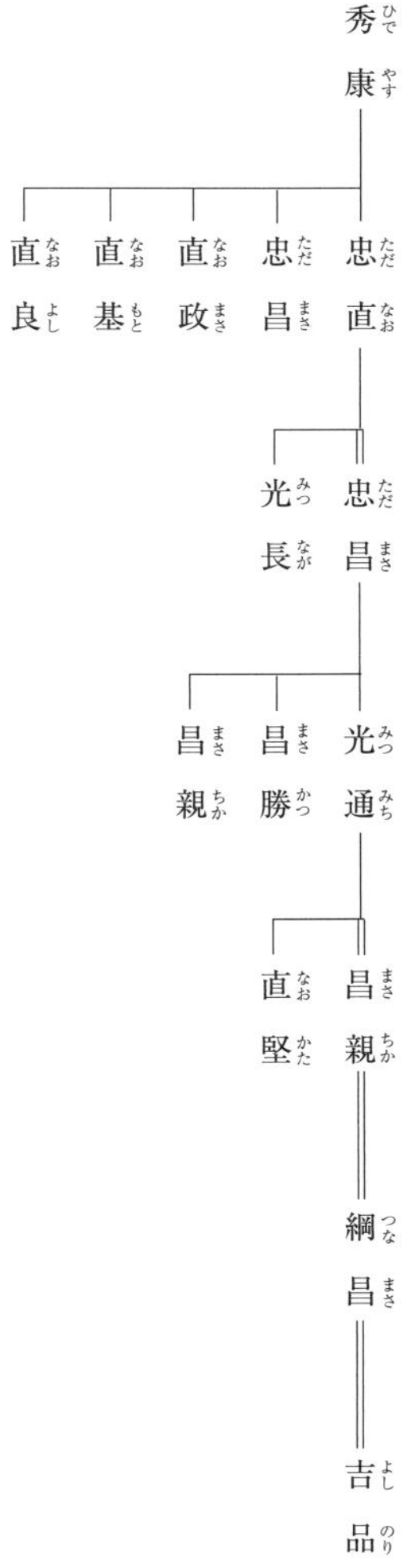

『日本史総覧』新人物往来社より

から家中で騒動が起きたことなどがあって隠居させられ、弟の忠昌が家督を継ぎ、越前へ行ったり高田へ行ったり所替えはときどきありましたが、家としては存続しました。

忠直の子孫に「康春（美作津山）」というのがいます。姫路藩で寛延一揆が起こったとき、姫路藩の家老たちは善後策について幕府に相談する前に津山の松平家、あるいは出雲の松平家に相談したのですが、その津山の松平家がこれです。全部元々同族筋なので家老同士のつながりがあったので相談したのでしょう。美作と姫路は、江戸や大坂と比べたら比較的近く、結城松平氏一族が結構横のつながりを持っていたことがわかってきます。

◆第一次松平、第二次松平

この結城松平氏の秀康の四男直基が、姫路藩主となった結城松平氏の初代になります。この松平氏は、越前勝山、越前大野、出羽山形、播磨姫路、越後村上、播磨姫路、豊後日田、出羽山形、陸奥白河、播磨姫路、上野前橋、武蔵川越と所領が転々と替り、最終的には上野前橋藩主となりました。現在この松平氏の文書は群馬県前橋市立図書館に所蔵されています。

もう少し詳しくいうと慶安元年（一六四八）松平直基に姫路藩が与えられました。家臣たちは姫路城を受け取りに来て姫路城の家臣団は入れ替わるのですが、直基は姫路に来ることなく江戸で病没しました。子供の直矩にその封が継がれ一旦姫路藩主になりましたが、当時まだ幼少であるということで、まもなく越後村上に移されました。

直矩は寛永十九年（一六四二）生まれ、慶安元年に七歳で家督を継ぎ、元禄八年（一六九五）に亡くなりました。官職は従四位下、大和守、侍従です。夫人は松平直政の娘、もう一人は東園基賢の娘です。

直矩はほんの一時期、姫路藩主になったあと越後村上へ替わって、二十七歳になった寛文七年（一六六七）、あらためて姫路藩主に任じられました。このときは実際に何度も国元の姫路に在城して、寺や神社に寄進したり姫路城の改修工事をしたり、小物成（米以外の年貢）をたくさん賦課したり、精力的に姫路領内の政治改革をしています。

松平氏（越前）系図

直《なお》基《もと》——直《なお》矩《のり》——基《もと》知《ちか》——明《あき》矩《のり》——朝《とも》矩《のり》
直矩の子：基《もと》知《ちか》、宣《のぶ》富《とみ》、知《ちか》清《きよ》

越前勝山→越前大野→出羽山形→播磨姫路→越後村上→
播磨姫路→豊後日田→出羽山形→陸奥白河→播磨姫路→
上野前橋→武蔵川越→上野前橋

『日本史総覧』新人物往来社より

元和・寛永期（一六一五～四四）は全国的に幕府や諸藩が城づくりや土木工事をやり過ぎて百姓が疲弊した時代ですが、直矩が第二次松平氏として入ってきた一六七〇年代、寛文・延宝期（一六六一～八一）という時代は、江戸時代最初の高度経済成長期にあたります。寛文年間には大坂から江戸への海上輸送の体制がほぼ確立し、河村瑞賢が日本海沿岸から瀬戸内を通って大坂へ入る西廻り航路を開発しました。四代将軍家綱が殉死を禁止し、これからは文治政治、つまり道徳を重視した平和主義で政治をして、武力で抑えつける政治はしないという方針を決め、経済が発展に向かいました。それに合わせて直矩も領内のさまざまな産物を租税として取り立てるようになったのです。

同時に彼は文人大名でもあって、「松平大和守日記」という克明な直筆の日記が残っています。それを見ると、和歌や俳諧の創作活動に熱心で、京都の公家や俳諧師、連歌師といった文化人と交わっていました。絵もかなり描けたし書も書けました。『姫路市史』第三巻には江戸時代の文化史・教育史が専門の竹下喜久男・佛教大学名誉教授がその日記のことを紹介していて、当時大名家の当主が学問や文化を熱心にやっていたことがわかります。

ただ行政的には、先ほど小物成を増やしたと言いましたが、領民にさまざまな年貢を賦課したから領主として厳しかったという悪評も残っているようです。総社などいくつか大きな寺や神社に寄進して建築をさせる、姫路城の壊れたところを修理させる、などの土木建築事業は財政負担になるので、藩の財政を圧迫し、それを補う分は領内から年貢や小物成を多く取る、ということになったようです。

姫路藩政を順調に進めていた直矩が姫路から豊後日田に替わったのは、「越後騒動」という、忠直の子光長が藩主だった越後高田藩で起こった跡継ぎ争いのお家騒動のためです。光長の嫡子綱賢が跡継ぎのないまま亡くなったことから、側近の有力な家臣が自分の娘を嫁がせている藩主の弟の子供に跡を継がせようとしたところ、それに反発した別のグループが別の藩主を立てようとして闘争が起こり、家康の血筋の家ですから幕府の老中を巻き込んだ大騒動が起こりました。最終的には両方とも関係者が島流しになるなどいろいろなことがありまして、直矩は、同じ一族として調停に入りながら失敗したといって咎めを受け、天和二年（一六八二）十五万石から八万石に所領を減らされて九州の豊後日田に移されました。その後若干禄高は増えますが、今度は北国の寒い出羽山形に移されました。最終的に奥州白河に来てやっと元の十五万石に戻りましたが、奥州白河も決して豊かな土地ではありません。

◆第三次松平

奥州白河藩に移ってから数年後に直矩は亡くなり、そのあと子供の基知が跡を継いで、基知に子供がなかったためにその弟の知清の子供を養子に迎えたのが松平明矩です。この松平明矩が幸いにも寛保元年（一七四一）、六十年ぶりに姫路藩主になれました。これは松平明矩の側に理由があるのではなくて、第二次榊原のときに榊原政岑が遊女を身請けして幕府の怒りを買い、隠居させられて越後高田へ所替えになり、その代わりに、奥州白河で不遇をかこって財政的にしんどくなっていた松平明矩を姫路藩主にしてやろうということで話が来たわけです。明らかに幕府としては、家康の血筋であるところの結城松平氏の明矩を優遇してやるために、奥州白河から播州姫路に所替えしたわけです。

当時奥州白河十五万石と播州姫路は同じ十五万石といいながら、実際の物成高は姫路では二十万石以上あったといいます。同じ十五万石でも経済的な豊かさが全然違います。

所替えですから、殿さまと家臣や家族たち千数百人がぞろぞろと旅をして姫路まで来ないといけません。その移動の旅費に臨時に藩から金を出そうにも藩の蔵は空っぽだったので、とりあえず江戸の高間伝兵衛という豪商に、姫路に来たら姫路で多くの年貢が取れるのでその販売を任せるという約束で一万両ほど金を借り、それを引っ越し費用に充てました。また、松平家の家臣たちは以前から白河の町人からたくさん借金をしていました。家臣たちは金を借りたまま返済せずに町を出ようとして城下の入り口で町人たちに止められました。すったもんだして藩がいくらか補填することで埒があきましたが、その前後には百姓が城下に乱入して打ち壊しも起こっていました。

そういうトラブルを抱えながらも、それでも白河から千数百人が姫路に入ってきました。石高は白河と一緒でも、姫路は収入が大きいわけですから返済できると思っていたところ、寛保三年、延享元年、三年、寛延元年と相次いで姫路地方に台風が来て収穫が駄目になったり、洪水で橋や堤防が決壊してその工事費に金がかかったり、結構出費がかさみました。さらに、幕府の手伝いの出費もかさみました。決定的なのが朝鮮来聘使という、江戸に参府する朝鮮からの使節の接待を室津で行うもので、この費用が臨時に三万両ほど要ることになり、領内から金を借りることになりました。

江戸の高間伝兵衛から借金の返済を迫られたときは、幕府の老中たちに相談しました。松平家の記録に出てきますが「神君家康公の血筋にあたる家が、高間伝兵衛ごときに借金をしてとやかく言われると徳川家の恥になるから、なんとかしてやれ」という指示が老中から来ました。結果的には、大坂の蔵屋敷を通じて大坂の商人たちから翌年・翌々年の年貢をカタに金を借りて、なんとか負債を処理したようです。

年貢をカタに金を借りたからには、領内から安定して年貢を取って大坂に送らなければなりません。寛延一揆の前史として、松平家の記録とは別にさまざまな一揆物語が残っていますが、それらによると、白河からついてきた御用商人が城下の川に水車をつくって油絞りと粉挽きを独占して姫路の地元の商人たちの反感を買ったとか、姫路の地元の商人が藩の御用商人として金を立て替えるかわりに何かの独占権を得たとか書かれていますが、そういう姫路城下の特定の商人の財力を当てにして財政改革をやろうとしました。そのときに好田主水という家臣、藩主の側近のような男ですが、彼が経済官僚として商人と結びついて財政改革をしようとしました。それに対して古くからの伝統的な家老の一族である小河原監物は、江戸時代の財政の基本は米だ、金銀に頼るのはよくない、質素倹約で支出をできるだけ減らせ、領内から年貢はしっかり取れる、という米作り中心のどちらかといえば保守的な経済政策をとりました。この両者の主導権争いもあって藩内で政策の対立が起こったようです。

寛延一揆の前史については『播陽多我身上《ばんようたがみのうえ》』とか『播姫太平記《ばんき》』といった一揆物語にはおもしろく書いてありますし、松平家の記録にも断片的に出てきますが、財政の仕組みまではまだ解明されていません。だから私が前に『姫路市史』第三巻を書かせていただいたときには全体の流れからこうだろう、大筋間違っていないだろう、という話で書きましたが、細部についてはよくわかりません。

おもしろい話が残っていて、姫路藩の大坂蔵屋敷を任されていた家臣が「次の年貢米をちゃんと渡す」といって大坂の商人に頭を下げて三千両を借りたにもかかわらず、国元の家老が違う商人にその年貢を当てにして別の借金をしていました。二重抵当になるわけです。その家臣は「自分はここまで誠意を見せて商人から金を借りてやっているのに、別の商人に米を渡してどうしろというのだ」と嘆き悲しみ、藩から預っていた当面の資金数十両と、「私は責任を取りかねますから私を探さないでください」という書き置きを残して姿をくらましました。それを聞いた藩の役人はその噂が町に広まらないように、その侍は病気になったので急いで姫路城下に呼び戻すことにしたと、空の駕籠を姫路までやりました。すると、「あれは空の駕籠だ」と道みちで言われて馬鹿にされたということです。これは「松平家記録」に載っている話で確かな事実と思われます。

こういう話が残っていますから、当時の松平家の財政運用はかなりちゃらんぽらんだったということになります。たとえば本多氏や榊原氏は幕府を動かすような老中になる家ですから、ぼんくらな当主ではつとまらないのでしっかりした人物がいます。御三家は、将軍家に何かあったときに将軍を出す家ですからそれなりの英才教育をして、紀州徳川家の吉宗もそうだし尾張徳川家の宗春もそうですが、有能な跡継ぎとしっかりした家臣たちがいました。だけど御三家より家柄が高いとはいえ結城松平氏は、家柄は尊重されますが、せいぜい十五万石程度の大名として藩主そのものはさほど有能でなくてよかったのでしょう。先々代の直矩は文筆も冴えていたし、そこそこの政治の業績はありましたが、毎回そういった有能な藩主とは限らない。おそらく明矩は養子に入って殿さまとして育てられていただけで、実質は代々結城松平家を守ってきた家臣たちが藩の運営をしてそれで成り立っていたわけです。

姫路藩の場合、歴代藩主家できちんと年貢が取れていたのは家中の行政能力に加えてもう一つ、年貢の取りまとめを、百姓たちの方で庄屋とその上にある大庄屋が実質的に地域運営をやっていたからでもあります。だから領主が頻繁に替わって違う大名が入ってきても、庄屋や大庄屋は変わらないので、○○村の年貢は春にはいくら、秋にはいくらと、以前からのやりかたを引き継いでやっていけたわけです。

テレビや映画の時代劇には武士がたくさん出てきますが、実際の江戸時代の村社会に武士はめったに出てきません。姫路でも城とその城下町と、船奉行があった飾磨に何人か武士がいただけです。高砂もそうです。それ以外のこの広い姫路領内の村々には百姓たちしかいないわけで、それで実質的に全部地域秩序が保たれていました。実質的に機能していたから、藩主や家臣たちがそれほど有能でなくてもちゃんと年貢が入ってきたわけです。

松平明矩が姫路藩主になってから予期せぬ財政危機のために、もっと取れるはずだといって、代々領主と百姓のあいだで年貢はこれだけと決まっていたのに、年貢増徴をやりました。代官手代クラスを村々へ派遣して調査させたのです。それでいろいろな抵抗に遭い、不満がちょっとずつ蓄積されました。

もう一つ一揆の原因について言うと、大庄屋任せであったために大庄屋の権限がかなり大きくなりすぎていました。姫路藩の寛延一揆の原因は、実質的には大庄屋に対する不満で、それが打ち潰しに発展したのです。だから寛延一揆では城下に押し寄せることはせずに、大庄屋の家を打ち潰しました。それが寛延一揆の特色です。藩の失政が一揆の原因ではありますが、直接的な原因は、大庄屋制度の問題であったというのが私の一つの結論です。

ただ松平明矩が入ってきてから単に天災が続いたというだけではなく、藩の運営がうまく機能していなかったふしがあります。そこで松平明矩家のような転封の多い譜代大名たちの家臣団の役割や仕事の内容を明らかにしていきたいと思っているのですが、残念ながらこの松平氏に関しては前橋の史料を見に行かなければよくわからないと思います。

結城松平氏は、家康直系の結城秀康の家の一族として、江戸時代の大名家としては特異なところがあります。越後騒動などいろいろなところでトラブルを起こしながら、それでも家康直系だったので幕府の配慮が働いて存続してきました。血縁的な関係が重視されるのが封建制、身分制社会の特色であったわけです。その一方で地域社会を実質的に運営していたのは百姓たちでありました。それに対応して支配者の側も百姓たち民衆社会を納得させるだけの合理的で公益的・公共的な支配の仕組みを構築しなければ秩序を維持できないということが一揆によって示されたと言えるでしょう。結城松平氏はその後も関東で存続していきますが、おそらく幕府の支援、監督をうけながら、領主としての務めを果たし続けることができたものと思われます。

天下人秀吉の出自と生い立ち

跡部　信

秀吉のルーツをさぐれ、というのが与えられた課題です。

しかしこの問題については先行研究の蓄積もあり、史料も出つくしている状況です。しかも、定説は得られていない。ここで私なりの見解を新たに打ち出すことは困難ですが、代表的な先学の所説を紹介し、史料にもあたって、考察をすすめていきたいと思います。

◆秀吉の父の名

ルーツをさぐる、といえば祖先の系譜を源流めざしてさかのぼるイメージですが、秀吉の場合は父親のことすらよくわかりません。

秀吉の体系的な伝記として成立がもっとも早く、しかも後世への影響も大きかったのが小瀬《おぜ》甫庵《ほあん》の『太閤記』です。甫庵は豊臣秀次や堀尾吉晴、前田利常などに仕えた儒医です。『太閤記』を書きあげたのは秀吉が没して三十年近く経過した寛永二年（一六二五）のことでした。この甫庵『太閤記』には、秀吉の「父は尾張国愛智郡中村之住人、筑阿弥《ちくあみ》とぞ申しける」と書いてあります。ところが現在、世間にあまた流通している秀吉関連の書籍のなかに、秀吉の実父を「筑阿弥」と説明しているようなものはほとんどありません。たいてい「弥右衛門」となっている。これは『太閤素生記』（以下では『素生記』と略）という史料にもとづいているのです。『素生記』の作者とされるのは土屋知貞。知貞は徳川秀忠・家光に仕えた幕臣ですが、その父円都《えんいち》は家康に近侍し、目の不自由な人たちの全国的な職能集団をたばねる総検校《そうけんぎょう》に任ぜられた人物です。知貞の養母は秀吉の出身地尾張国愛知郡中村の代官の娘で秀吉とは同年輩だったらしく、『素生記』は秀吉の父母きょうだいについて、その女性の語った内容を書きとめたという体裁をとっています。それによれば秀吉の「父ハ木下弥右衛門ト云《いう》中々村ノ人」で、「秀吉八歳ノ時、父弥右衛門死去」。秀吉の母はその後、織田信長の父信秀に仕えていた中々村（中村の一部）出身の人物と再婚する。その二人目の夫は名を「竹阿弥」といい、病気になって郷里に戻ってきたところだったそうです。つまり『太閤記』の「筑阿弥」（＝竹阿弥）は、秀吉の継父だったということになる。

『太閤記』と『素生記』では、どちらが信用できる史料でしょうか。

東京帝国大学の史料編纂官だった渡辺世祐氏は昭和十四年に発行された『豊太閤の私的生活』のなかで、「素生記は太閤の尾張に於ける幼時のことをその儘《まま》書いたものであるから、太閤の素生に関しては最も確実なるものといはなければならぬ」と評価しています。ところが翌年、やはり東京帝大の史料編纂官補だった桑田忠親氏が『豊太閤伝記物語の研究』で『素生記』にくだした評価は、かなり厳しい。「豊太閤の素生のことと云へば一概に本書を信用してかかるのは寧《むし》ろ危険も甚しい」。なぜなら「甫庵太閤記以後の記録であり、直接若《も》しくは間接の伝聞を、然《しか》も記憶を辿って書いたもの」だからというのです。それでは桑田氏の甫庵『太閤記』に対する評価はどうなのかといえば、じつはこれも辛口で、「史料としての太閤記の価値は左程《さほど》高いものとは云へない」。つまり五十歩百歩なのですが、秀吉の生い立ちにかぎると、『太閤記』のほうが「素生記の記事と比較すれば、誤伝潤色と思はれる節が多い」との判定でした。

桑田氏は、氏の秀吉研究の集大成ともいえる昭和五十年刊行の『豊臣秀吉研究』においても『素生記』の誤りをさまざま指摘して、「『太閤素生記』の所記は、玉石混淆しているから、注意せねばなるまい」としつつも、いっぽうでこれを「かなり信頼性のある聞書」と評価して、秀吉実父の名に関しては弥右衛門説を採用しています。その大きな理由は、秀吉少年時代の天文十二年（一五四三）ころに実父を亡くした旨の記述が、秀吉の姉瑞龍院の菩提寺である京都瑞龍寺に伝来した『木下家系図』の記載と合致するため、ということで、この点は渡辺氏の論証を踏襲しているのです。

しかし、それでよいのでしょうか。

『素生記』は、秀吉と姉瑞龍院は弥右衛門の子、弟秀長と妹の旭姫は竹阿弥の子、と説明しています。けれど、ほかならぬ桑田氏が指摘したことですが、秀長も旭姫も弥右衛門の没年とされる天文十二年以前の誕生なので、二人を弥右衛門死後の種変わりのきょうだいとする『素生記』の説はあやしいのです。となると、二人の実父としてこそ史料に登場する意味のあった竹阿弥の役割が、完全に消滅してしまいます。これだけ重大な欠陥があるとなれば、実父弥右衛門・継父竹阿弥という二人の父親説そのものが疑わしく思われてきます。桑田氏はきょうだい四人とも弥右衛門の実子だと結論したのですが、四人の実父の名が筑（竹）阿弥だったという可能性はないのだろうか。『素生記』は秀吉が筑阿弥の子だから「小筑《こちく》」と呼ばれたという『太閤記』の記事を否定して、弟秀長こそが竹阿弥の子だから「小竹」と名づけられたのだと説明していましたが、二人の実父が同じだとすると、いったいその理屈はどうなるのでしょう。四人きょうだい同種説を採るのなら、いったん『素生記』の記述を脇によけたほうがよいのではないか。

とはいえ、秀吉と秀長を種変わりとする話は『素生記』ばかりでなく、同じころの別の史料にも書かれています。加藤清正に仕えたこともあり、寛文四年（一六六四）に百歳で没した京都の儒医、江村専斎が口述した『老人雑話』によれば、賤ヶ岳合戦で秀長の緩慢な行動に激怒した秀吉は、「身（自分）と種ちがったり」と諸将の面前で弟を罵倒したそうです。また、著名なイエズス会宣教師ルイス・フロイスが秀吉在世中に執筆した著書『日本史』によると、秀吉の母は彼と面識のない男とのあいだに、彼の知らないうちに子をつくっていたらしい。彼のきょうだいと自称し、周囲の者もそのように確言する若者が関白となった彼を訪問してきたが、母がいつわって認知しなかったため処刑されてしまった事件をフロイスは記録しています。秀吉の母に複数の夫がいたという話にも、それなりの信憑性があるのです。

秀吉自身が小田原北条氏にあてた宣戦布告の朱印状において「秀吉若輩之時、孤と成て」と述べているので、早くに父を亡くしたことはまちがいない。ただ、その名については筑阿弥とも弥右衛門とも伝えられる、という以上に踏みこみにくい。『太閤記』に遅れること六年、信長部将時代の秀吉に属して活躍した竹中半兵衛重治の子重門《しげかど》が寛永八年（一六三一）に書いた秀吉の伝記『豊鑑《とよかがみ》』には、「あやしの民の子なれば父母の名もたれかはしらん」とあります。結局のところ、これがもっとも適切な表現なのかもしれません。

◆父親の身分をめぐる諸説

秀吉の父親は、どのような身分に属していたのでしょうか。この点に関する代表的な見解をみておきましょう。

『素生記』では、弥右衛門は織田信長の父信秀に鉄砲足軽として仕え、そこかしこで働いたが負傷して戦場に出ることができなくなり、郷里の中々村で「百姓」をしていた人物、竹阿弥は織田信秀の同朋衆《どうぼうしゅう》だったが病気で中々村に隠退した人物、と説明されていました。同朋衆とは、大名に近侍して身辺の雑務や芸能などに従事した僧体の人々のことです。しかし弥右衛門を「鉄砲足軽」とする点については、すでに中世史家の鈴木良一氏が昭和二十九年の著書『豊臣秀吉』で矛盾点を明らかにしています。弥右衛門の没年とされる天文十二年（一五四三）に鉄砲が日本に伝来したのだから鉄砲足軽はおかしい、という至極もっともな指摘です。

ただし、そのように留保しつつも鈴木氏は『素生記』に依拠して、「実父は鉄砲足軽、養父は同朋衆というぐらいだから、そんなにひどい貧農だったとは思えない。（中略）木下家は百姓としても相当の百姓で、かたわら織田に仕えるなかば武士の家ではなかったか」と秀吉の実家の経済状況を見積もります。総じて尾張地方の名主《みょうしゅ》層は肥沃な土地を基盤とする豊かな生産力に恵まれ、商業にも手を出し、広い視野をそなえていた。「木下家もそういう名主の家ではなかったか」と推論したのです。名主というのは、村落において中核的な地位を占める百姓のことで、独立した家をもち経営をおこなう平民百姓のなかでも上層に位置する存在です。

『素生記』の問題点をあぶりだし、同書に寄りかかる危険を強く警告していた桑田忠親氏も『豊臣秀吉研究』においては、鈴木氏同様の見解を開陳しています。鉄砲足軽はありえないとしても「弓足軽か何かの誤伝であろう」と読みかえて、「弥右衛門は織田信秀に仕えて足軽になっているし、また、弥右衛門の死後、大政所《おおまんどころ》が信秀の同朋をつとめた竹阿弥に再嫁しているところから、推測すると、百姓といっても、それほど下位の農奴などではなく、中流の名主層の農民だったのではあるまいか」と推量するのです。とくに継父の竹阿弥は「小金も持っていたであろう」。秀吉の母は「貧乏生活から足を洗うために、小金を持っている竹阿弥と再婚したのではあるまいか。だから、幼少時における秀吉の家出は、生家が貧乏だったからだけではなくて、義父の竹阿弥と仲違いしたためではあるまいか」と、竹阿弥と秀吉の関係にまで想像を広げているところがおもしろい。竹阿弥・秀吉不仲説はいろいろな人に採用されているけれど、たしかな根拠があるわけではありません。

戦国史の研究者として有名な小和田哲男氏の昭和六十年の著書『豊臣秀吉』では桑田説の再検討もふくめて秀吉の出自が考証されていますが、小和田氏も基本的には『素生記』の枠組みを尊重している。ただし「足軽は名主百姓よりさらに低い人々によって構成されていたはず」なので、「弥右衛門百姓下層説を唱えたい。自作もするが、自作だけでは食べていけず、名主百姓の小作もする。つまり、戦国期に広範にみられた『自小作農』だったのではなかったか」というのが小和田氏の主張です。

三氏とも実父弥右衛門が織田家の足軽から百姓になった、という事実認識のレベルで『素生記』を信用する点では共通していて、鈴木・桑田氏と小和田氏のあいだには、その解釈をめぐって相違がありました。対して中近世移行期の政治史研究に精力的にとりくむ藤田達生氏は、平成十九年の『秀吉神話をくつがえす』のなかで、弥右衛門が百姓だったという点を否定する見解を主張しています。

藤田説は、秀吉が「百姓の倅《せがれ》ではなく、差別を受け遍歴を繰り返す非農業民に出自をもつ」というもので、東海地方の地域社会の歴史に深い学識をもつ小島廣次氏や、中世史研究の大家だった石井進氏の所説から大きな影響をうけています。

平成九年発表の「秀吉の才覚を育てた尾張国・津島」(『逆転の日本史［つくられた「秀吉神話」］』所収)で展開された小島説の前提にあるのは、木曽川などの氾濫に悩まされた戦国期までの尾張が穀倉地帯などではなく、農業の安定的生産が期待できないゆえに商業が発達していた地域だった、という認識です。だから、もし弥右衛門が「百姓」だったとしても農民ではなく、商業や流通にたずさわる人と考えたほうがよい。じっさい秀吉の周囲には非農業民が多く、たとえば『祖父物語』という史料によれば、秀吉の姉ムコは鷹匠の配下で働く綱差《つなさし》で、伯父はホウロク(土鍋)商。そして秀吉の「伯母ムコ」とされ、彼の妻おね(高台院)の伯父にあたる杉原家次は「連雀商《れんじゃくしょう》」と称された行商人と伝えられる。ちなみに『祖父物語』(別名『朝日物語』)は寛永十九年(一六四二)の成立かと推定され、尾張朝日村(おねの祖父杉原家利が住したと伝える地)の住人柿屋喜左衛門の祖父が語った内容の聞き書きと伝えるものです。また、秀吉自身は甫庵『太閤記』によれば一定の土地にとどまらない放浪生活を送っており、『素生記』によれば木綿針を売りながら東海地方を渡り歩いたこともあった。『太閤記』は若き日の秀吉が、尾張第二の都市津島の富商堀田孫右衛門と「久しき知人」であったとも伝えている。

このように秀吉をとりまく環境も、彼の発想や行動も明らかに商人的である、と小島氏は論じたのです。

石井氏も平成十四年の『中世のかたち』において、秀吉の近しい縁者たちに着目しました。依拠する史料は小島氏もとりあげた『祖父物語』なのですが、石井氏はそこに登場する連雀商やホウロク商が、中世では卑賤視される職業であった点を強調します。また『素生記』に出てくる針売りが、中世京都では被差別民と関係が深かった事実を盟友網野善彦氏の所説を引いて紹介しました。

こうした見解をうけて藤田氏は「百姓の倅」説をしりぞけ、「秀吉の大出世は、その卓抜な情報収集能力と経済感覚に負うところが大きかった。そして、その源泉を彼の出自に求めたとき、尋常ならざる能力の理由も説明がつく」と論じたのです。考えてみれば『素生記』は全面的に信用できる史料ではないのですから、弥右衛門が足軽から百姓になったという部分にあえてこだわらなければならない理由はない。秀吉のルーツを考えるうえでは、近年の、注目すべき見解といえるでしょう。

◆生い立ちを物語る史料

秀吉が非農業民的な環境で成長したことは、小島廣次氏や石井進氏が最初に指摘したわけではありません。弥右衛門百姓下層説を唱えた小和田哲男氏も、「秀吉が〝わたり〟という漂泊性をもった非農業民的要素をもっていたことは確かであったと思われる」と認め、さらには

「父弥右衛門はともかくとして、その先祖なり周囲の人々は非農業民だったのではないか」とも推測していました。たしかに親が百姓であっても、子が漂浪生活を送ることは十分にありうる。出自（生まれ）の問題とその後の生活の問題は、区別して考えることもできます。とはいえ、もちろん二つがまったく無関係ということもありえない。じっさい秀吉は、どのような青少年時代を送っていたのでしょうか。いくつかの史料にかいまみえる暮らしぶりをなぞり、あらためて彼の出自を考えなおすためのよすがとしたいと思います。

ではまず、甫庵『太閤記』です。八歳のころ光明寺という寺院に入れられたものの、なじめず、実家に送り帰されたという記事に続く一節です。

父本《もと》より家貧しければ、十歳の比《ころ》より人之奴婢たらむ事を要とし、方々流牢《るろう》之身となり、遠三尾濃四箇国之間を経廻すと云共、始終、春秋を一所にくらす事もなかりしは、偏《ひとえ》に、気象人に越、度量世に勝れたる人なれば、寔《まこと》に奴隷之手に恥しめられざるも理なり。

父（筑阿弥）が貧しかったので十歳のころから「奴婢」として働かねばならず、東海地方の四ヶ国（遠江《とおとうみ》・三河・尾張・美濃）を流浪した。仕事が一年続くこともなかったのは秀吉の器量が傑出していて「奴隷」すなわち身分の低い庶民から恥辱をうけるべき人物でなかったのだから当然である、と書いてあります。
なお、『太閤記』にも父親および祖先の身分について記した箇所があります。織田信長に仕官を直訴する場面で、秀吉がみずからの出自を語るのです。

某《それがし》父は織田大和守殿に事《つか》へ、筑阿弥入道と申候て、愛智郡中村之住人にて御座候。代々武家之姓氏をけがすと云共、父が代に至て家貧しければ、某微小にして、方々使令之身と成て、不能達君門《くんもんにたっするあたわず》。

「自分の父は織田信秀殿に仕えた、筑阿弥という名の中村の住人です。代々の先祖は武家の端くれでしたが、父の代で困窮したので自分はあちらこちらで召し使われる身となって、今まで御館に参上することができませんでした」と先祖以来の経歴を説明して、仕官を志願していますす。筑阿弥が織田家に仕えていたとする点が『素生記』と一致するのが気になりますが、信長の気に入られようとする秀吉の自己宣伝のセリフですから事実を語っているとはかぎりませんし、そもそもじっさい、このような直訴があったとも考えにくい。ですからこの部分は秀吉の出自を考察する素材としては使わないほうが無難でしょう。
つぎに『素生記』は、さきほどふれた針売りの話。

太閤十六歳天文二十年辛亥春、中々村ヲ出ラレ、父死去ノ節猿ニ永楽一貫遺物トシテ置ク、此銭ヲ少シ分ケ持テ清洲ヱ行。下々ノ木綿ヌノコヲヌフ大キ成ル針ヲ調ヘ懐ニ入、先鳴海迄来テ、此針ヲ与テ食ニ代ル。又針ヲ以テ草鞋ニ代ル。如此《かくのごとく》針ヲ路次ノ便トナシテ遠州浜松へ来ラル。

秀吉十六歳のころ実父弥右衛門の遺産の一部をたずさえ清洲へ行き、木綿針を購入、これを売り歩きながら遠江の浜松へ到着した、といいます。

つぎは、慶長の役で捕虜となり日本に連行されてきた朝鮮の儒者、姜沆《カンハン》の記録。姜沆は関ヶ原合戦の直前に帰国しますが、日本滞在中には儒学の素養のあった何人かの日本人と厚い親交をむすんでいた。彼が書き残した『看羊録』には、そうした友人たちから得た情報にもとづく日本事情が詳細に綴られています。

秀吉は、尾張州中村郷の人である。嘉靖丙申〔年〕に生まれた。容貌が醜く、身体も短小で、様子が猿のようだったので「猿」というのを〕結局幼名とした。〔中略〕父の家は、元来貧賤で、農家に傭《やと》われてどうにかたつきをたてていた。壮年になって自分から奮発し、前関白〔織田〕信長の奴隷となったが、これといってとくにぬきんでるところもないまま、関東に逃走して数年を過ごし、またもどって〔信長のもとに〕自首した。信長はその罪を許し、もとどおりに使った。秀吉は一心に奉公し、風雨、昼夜もいとわなかった。

生家が貧賤なため、秀吉は農家に雇われて働いていた、というのです。『看羊録』には誤りもすくなくありませんが、引用部分が書きあげられたのは秀吉の死からわずか二年たらずの慶長五年（一六〇〇）。甫庵『太閤記』などよりずっと早く、秀吉の生きていた当時に彼の素性が人々からどのように認識されていたのか伝えてくれるので貴重です。そしてやはり外国人の記録ですが、イエズス会士ルイス・フロイスの『日本史』も同様の意味でたいへん価値の高い史料といえる。

彼は美濃の国に出で、貧しい百姓の倅として生まれた。若い頃には山で薪《たきぎ》を刈り、それを売って生計を立てていた。彼は今なお、その当時のことを秘密にしておくことができないで、極貧の際には古い蓆《むしろ》以外に身をおおうものとてはなかったと述懐しているほどである。だが勇敢で策略に長けていた。

ついでそうした賤しい仕事を止めて、戦士として奉公し始め、徐々に出世して美濃国主から注目され、戦争の際に挙用されるに至った。信長は、同国を征服し終えると、秀吉が優れた兵士であり騎士であることを認め、その封禄を増し、いっぽう、彼の政庁における評判も高まった。しかし彼は、がんらい下賤の生まれであったから、重立った武将たちと騎行する際には、馬から降り、他の貴族たちは馬上に留まるを常とした。

秀吉の生国を美濃とする点は誤伝です。しかし、薪刈りをしていた時代の極貧生活や、出自の低さゆえに信長部将時代にうけた差別的視線に関する記述は、きわめて興味ぶかい内容です。『日本史』のこの部分は文禄二年（一五九三）には完成していましたが、同じイエズス会宣教師の記録でも、すこし時間がたつと情報が修正あるいは補足され、秀吉伝としての完成度が高くなってきます。秀吉が慶長三年（一五九八）に亡くなったのをうけて、日本からの報告にもとづきポルトガルで秀吉の小伝がつくられ、一六〇〇、〇一年度の日本年報の冒頭に収録されて刊行される。一六〇三年にリスボンで発行されたそのフェルナン・ゲレイロ編『イエズス会日本年報』の秀吉伝は、東西交渉史の研究者だった岡本良知氏（『豊臣秀吉』昭和三十八年）と岡田章雄氏（『南蛮史談』昭和四十二年）の手でわが国に紹介されました。岡田氏の訳文によると、秀吉の出自と若年のころの暮らしは、つぎのように描かれています。

天帝は世の権勢と専横とが生まれ出る、まれにみる例を彼によって示そうと望まれたのであった。というのは、彼はその出自がたいそう賤しく、また生まれた土地はきわめて貧しく衰えていたため、暮らしてゆくことができず、その生国である尾張の国に住んでいたある金持ちの農夫のもとに雇われて働いたからである。
このころ彼は藤吉郎とよばれていた。その主人の仕事をたいそう熱心に、忠実に勤めた。主人は少しも彼を重んじなかったので、いつも森から薪を背負ってくることを彼にいいつけることしか考えなかった。

生国は尾張に訂正されており、フロイスが薪売りとしていたのは、農家の下人としての薪刈りということになっている。農夫に雇われ働いていたという点が、同じ時期に書かれた『看羊録』の内容と一致する点に注目しましょう。
続きを読んでいくと、裕福な農夫はやがて秀吉の勤勉さやその他の長所を知って大きな愛情を抱くようになり、秀吉を優遇して武士になることをすすめる。そのための金を与えて、送り出します。

藤吉郎はやがてミヤコの町に出たが、その名が知られていなかったため、ある金持ちの商人のもとに仕えることとなった。この商人はその勤勉と忠実を知ってたいそう彼を重んじ優遇した。

「ミヤコの町」とは尾張最大の都市、清洲のことでしょうか。商家でもかわいがられた秀吉ですが、「もっと大きな精神に動かされ、商人に仕えていてはたいして出世ができないと考えたので」そこを去り、信長の重臣に仕えはじめた、と話は展開していきます。

この『イエズス会日本年報』の秀吉小伝と似かよう内容のものとして、アビラ・ヒロン著『日本王国記』に収録された秀吉の生い立ちに関する一節があります。ヒロンはスペインの貿易商人で、秀吉晩年の文禄三年（一五九四）に来日。『日本王国記』は彼自身の見聞や知人たちからの情報のほか、宣教師たちの報告書なども利用して書かれた日本の地誌です。秀吉没年の慶長三年（一五九八）に原型がつくられ、豊臣家が滅亡する同二十年に改訂増補版ができました。この本で若き日の秀吉は、美濃国の辺境の裕福な百姓に雇われ、下男として薪刈りをしている。やがて主人の信用を得て、その家における酒造りの責任者的な役割を果たしたと伝えます。富裕な百姓が農業だけでなく、そのような経営にも手を出していたというわけなのです。

のちに天下のあるじとなった秀吉は、武人になることをすすめてくれた「かつて己が主人の百姓のことを思い出すと、これを呼びよせた。そうして主人がやって来ると、その昔の恩誼を謝して、彼やその子息らに、多大の知行を与えて、立派な殿にとり立てた」。
『日本王国記』にイエズス会士のペドロ・モレホンが詳細な注を加えたものが残されています。モレホンはヒロンより四年早く来日し、二十四年間、主として畿内で布教につとめた人です。秀吉が昔の主人に「多大の知行を与え」たという箇所にモレホンは、「極めて僅少なものを与えたに過ぎなかった」と注記している。その多寡《たか》の評価に異議はあれど、モレホンも秀吉がかつての主人たる百姓の恩に報いた点は否定しなかったのです。

それでは、これら外国人による記録の信憑性はどのように評価できるでしょうか。

これらに大小の誤りがふくまれているからといって、それらが外国人ゆえのものとはかぎらない点に注意が必要です。語学や日本事情の理解不足による誤りもないとはいえないでしょうが、フロイスも姜沆も、基本的には日本人から得た情報を記録している。たとえばフロイスが秀吉の生国を美濃とまちがえたのは彼が外国人だからではなく、そのように認識していた日本人がいたからとみるべきでしょう。成立が早く、作成の経緯も明確であるという点で、秀吉の生い立ちに関して、ここに紹介した外国人たちの記録より良質な国内史料はないのです。当時の日本人も誤解をおかしていた可能性に留意しつつも、これらを積極的に活用すべきだと思います。

◆出自と暮らし再考

さて、ではこれらの史料をふまえて、もう一度秀吉の出自と青少年時代の暮らしを検討するとどうなるか。

第一に、彼の生家の経済状態と階層の問題です。

家が貧しかったことについては甫庵『太閤記』のみならず、姜沆『看羊録』やフロイス『日本史』、ゲレイロ『イエズス会日本年報』の秀吉小伝でも述べられていました。そしてその階層について、姜沆は「貧賤」、フロイスは「下賤」、ゲレイロは「たいそう賤しく」と表現していました。そのような言及がない『素生記』は、秀吉の出自を語る史料としてかなり特異な存在といえるでしょう。

ただし、武将クラスからみれば中流の百姓でも下賤でしょうから、こうした表現の評価はむずかしいのです。ここは、秀吉の暮らしぶりから類推するほかありません。すなわち『イエズス会日本年報』やヒロン『日本王国記』、『看羊録』などはいずれも秀吉が農家の下人として働いていたと伝えており、これは『太閤記』のいう「人之奴婢」・「使令之身」とも矛盾しない。これらを事実とみなせるなら、そのような境涯に息子を送りださねばならなかった秀吉の生家は、すくなくとも彼の青少年時代においては、鈴木氏や桑田氏が推測した「名主」よりも低い階層にあったと考えられるのではなかろうか。名主にふさわしい生活レベルを維持できていないのです。

鈴木良一氏は、「とかく何々太閤記というものは、秀吉の生い立ちをみじめにみじめにと書かねば承知しないものだ」と、秀吉の伝記類が立身出世をきわだたせるために、生い立ちの悲惨さを実態以上に強調している可能性を示唆していました。けれど生家の貧賤ぶりはその種の伝記ばかりでなく、秀吉の同時代史料からも確認できるのです。

桑田忠親氏も同じく、甫庵『太閤記』や『イエズス会日本年報』の記述は「秀吉の異例な立身出世を強調するあまりに、聊《いささ》か事実よりも誇張した書き方をしたように考えられなくもない」とみていましたが、しかしキリシタン禁令に苦しめられたイエズス会宣教師が秀吉の出世をあえて強調することがあったでしょうか。下剋上の世とはいえ、フロイスの記述にあったような身分意識の根強く残る社会に生きる秀吉にとって、下賤の生まれはけっして積極的に誇るべき過去ではありませんでした。彼は関白になるにあたって、自分が天皇の落とし胤《だね》であるという皇胤《こういん》説さえ流布させようとしたのです。しかし、彼の思いとは別に世間には生い立ちのみじめさが知られてしまっており、ときに彼自身もそれを認める発言をせざるをえなかった。生家の「貧賤」は、実態をあらわすものだったとみてよいと考えます。

さて第二に、漂泊性や非農業民的要素の問題です。

秀吉の放浪生活を伝える史料は甫庵『太閤記』と『素生記』でした。針売りの話は有名かつ印象的で、小島廣次氏や石井進氏にもとりあげられていました。ただ、これを載せる『素生記』によれば、秀吉が針売りをはじめたのは十六歳のころで、それ以前にどこかへ放浪に出た旨の記述はない。すなおに読めば、それまでは郷里の中村を拠点に暮らしていたのです。針売りをしていた期間も長くはなく、浜松の近くで今川氏の家臣松下加兵衛に拾われ、武家奉公することになる。二、三年ほどつとめて尾張へ戻り、同郷で旧知の一若《いちわか》という信長の小人頭《こびとがしら》に会いに行くと、一若はおどろき、「此《この》三年、何国ニ有ツルヤ。母、歎悲シム。急行テ逢へ」というので会いに帰ったところ、母はたいへん喜んだ、というのです。周囲の人々は秀吉の出奔放浪をよくあることでなく、非日常的な事件と感じていた。このような『素生記』の記事からは漂泊性よりも、むしろ定住性を読みとることができるのです。

いっぽう甫庵『太閤記』では八歳で寺に入れられ、十歳のころから「流牢」の生活です。二十歳のころから遠江で松下加兵衛に仕え、やがて尾張へ帰り信長に仕官を直訴するということですから、放浪生活は十年におよぶ。期間はずいぶん長いのですが、やはり八歳までは定住で、光明寺で大暴れしても、帰っていく実家がある。しばしば働き口を変えたのも、秀吉自身の気質に原因があったように書かれている。「人之奴婢」となり使役されたのは家の貧困が理由でも、「流牢」は出自ではなく、秀吉自身の個性の問題だったと読めるのです。フーテンの寅さんが気ままに葛飾柴又の団子屋に帰れたように、秀吉にも定住生活をいとなむ実家が尾張中村に存在したのではなかろうか。

では、非農業民的要素という点はどうでしょう。

針売りの真偽は確認しようがなく、甫庵『太閤記』は「流牢」時代の労働内容をなにも語らない。『看羊録』や『イエズス会日本年報』、『日本王国記』に記されていた職業は農家の下人で、フロイス『日本史』は「百姓の倅」ですから、むしろ農業民的要素です。国内史料でも、やや後年、正保二年（一六四五）ころの成立ですが、秀吉の右筆（書記官）もつとめた歌人松永貞徳の回想録『戴恩記《たいおんき》』では「我、尾州の民間より出たれば、草かるすべは知たれども、筆とる事はえしらず」との秀吉の発言が紹介されていますし、元和九年（一六二三）の完成と推測される『川角太閤記』にも秀吉が鎌倉で源頼朝の木像に「草刈わらんべ」と自己の生い立ちを説明するセリフが収録されています。小島氏は「秀吉の伝記を読んでみても、当時の尾張の国情を反映してか、彼とその周辺に登場する人びとの姿には農民的なイメージがほとんどない」とみていましたが、けっこう出てくる。『素生記』の「百姓」を非農業民と理解しなければならぬ根拠はとぼしい。青少年時代の秀吉が農業にたずさわっていたことは、事実と認定できるのではないでしょうか。そして前述の定住性を考えあわせると、彼の実家が農業をいとなんでいた可能性も高いのではないか。

ただし、彼が非農業的な手段で世を渡っていたことを否定するわけではありません。

『イエズス会日本年報』には秀吉が富裕な商家でも働いた旨が、はっきり書かれていました。小島氏が指摘した秀吉の商人的イメージには、そこそこ信用に足る裏づけがとれるのです。
しかも、それだけではありません。つぎに引くのは本能寺の変の一年半後、領土問題をめぐる秀吉と毛利家との折衝において、毛利の外交僧として交渉の最前線に立っていた安国寺恵瓊《えけい》が当主輝元の側近に送った書状の一部です（『毛利家文書』）。

大なる事ハ、近年信長之下ニても、羽柴〱と申候て、世上操をも、又弓矢をも手ニ取候て、鑓をもつき、城をも責候て、被存候《ぞんぜられそうろう》。又少事之儀ハ、小者一ヶニても、又乞食をも仕候て、被存候仁か、申成なとにてハ成間敷候。日本を手之内ニまわし候、今日まてハ名人ニて候。

恵瓊は秀吉が油断ならない人物であることを説いて、毛利側の妥協を勧告しています。秀吉は信長のもとでも評判が高く、四方の調略もすれば、みずから弓矢を手にとり、槍をも突き、また城をも攻めて、これらのことに通じているし、「小者《こもの》」（草履取りなど雑役に従事した武家奉公人）や「乞食」なども体験して、そうしたこともよく知っている人物なので、口先でごまかそうとしても通用しない、と力説するのです。「乞食」を一般的な物乞いとみてよいのか、托鉢僧とみるべきなのか、いずれにせよ秀吉は当時そのような経歴をもつ人物としてとらえられ、それゆえにあなどりがたいとみられていた。まさに差別をうける非農業民的要素です。要するに秀吉は働き口を変え流浪するなかで、農業にもたずさわったし、それ以外の仕事も経験した、ということではなかろうか。

小島説や石井説の重要な論拠とされたのは『祖父物語』ですが、そこからうかがえた親族の職業の多様な非農業民的性格についても、過大に評価すべきではないでしょう。より信頼度の高いフロイス『日本史』のなかには関白となった秀吉の親族について説明した箇所があり、「関白は高貴の血筋をひくどころか、下賤の家柄であり、彼もその親族も、あるいは農業、あるいは漁業、もしくはそれに類したことを生業としていた」と記されています。さらに続けてフロイスは、秀吉が尾張で「貧しい農民」として暮らしていた自分の姉妹を京都に呼び寄せ、「己れの血統が賤しいことを打ち消そうとし」て斬首してしまったという記事も載せる。その真偽はともあれ、貧困で悲惨な境遇にあった彼やその親族がさまざまな生業に就いていて、それらのうちに農業もふくまれていたことが秀吉生前の史料にみえるのは無視できません。『祖父物語』の内容が実態と重なっていたとしても、これをもって、秀吉非農業民出身説の決定的証拠とすることはできないのです。

以上の長々しい検討からいえるのは、以下のようなわずかなことです。

秀吉の生家は貧困であり、彼の青少年時代には尾張中村に定住していたとおぼしく、零細な農業をいとなんでいた可能性が高い。彼自身は青少年時代のある時期から転々と働き口を変えながら流浪の生活を送り、農家の下人や商家の奉公人、乞食など、被差別的なものもふくむ、さまざまな職業を経験したらしい。

◆「木下」の名字

『素生記』には、秀吉の父の名は「木下弥右衛門」と明記されていました。しかし桑田忠親氏は、弥右衛門は「土百姓だから、元来、姓氏などなかった」として、木下姓は「秀吉が正室おね（北政所）の実家の本家の氏を借りて木下を称した」もの、と推定しています。小和田哲男氏も藤田達生氏もこれを採用して、近年は通説化しているのです。

では、杉原と称していたはずの「おねの実家の本家の氏」が「木下」であったとは、どのようなことでしょうか。

桑田氏によると、『木下家譜』には、杉原氏の先祖は、平維盛（清盛の孫）の子秀平の次男杉原伯耆守《ほうきのかみ》光平であると伝える。光平の十代目の子孫を木下七郎兵衛家利といい、初め播州龍野に住んでいたが、のちに尾州愛智郡朝日村に移り、一男二女を儲けた。その二女の中の長女の聟に杉原助左衛門定利という人物を迎えたが、この定利の次女をおねという」のだそうです。

渡辺世祐氏は秀吉の名字がおねの実家に由来すると断定するのをためらっていましたが、彼女のルーツの説明には同じ『木下家譜』を用いていました。

三点ほど疑問を記しておきます。

まず、おねの実父杉原助左衛門の諱《いみな》（実名）「定利」です。幕府が各家からの書き上げにもとづき編纂した『寛永諸家系図伝』でも『寛政重修《ちょうしゅう》諸家譜』でも、木下家と杉原家、いずれの系図にも「定利」とはみえない。たとえば『寛永諸家系図伝』の木下家譜では諱は「某《ぼう》」、そして「杉原助左衛門尉、入道して道松《どうしょう》と号す」と補足しています。おねの甥、木下延俊の子孫である豊後日出《ぶんごひじ》木下家で明治期に編纂されたとおぼしき『木下家系図附言纂』には助左衛門尉道松の「実諱動蹟不詳」とわざわざ記してありますし、かの『素生記』にも太閤本妻の「父タシカナラズ」と特記されているくらいですから、おねの父親の素性は秀吉の父に負けず劣らず謎に包まれている。想像するに、「定利」は義父の杉原（木下）家利と子の木下家定（おねの兄）の名から一字ずつ借りて、後世の人がでっちあげた名ではないのか。

第二に、播磨龍野から尾張に移り住んだとされる、おねの祖父の家利についてです。やはり『寛永諸家系図伝』の杉原家譜で確認すると、家利は「生国尾張。祖父より尾州に住す」となっている。「木下」を称していたとも記されていません。『寛政重修諸家譜』でも同様です。おねの実家が木下姓だったとする根拠はあいまいなのです。

杉原家譜
『寛永諸家系図伝』より

- 家利　七郎兵衛　生国尾張。祖父より尾州に住す。
  - 家次　七郎左衛門　生国同前。元亀元年、秀吉につかへて家老となり、播州三木の城を領す。（以下略）
  - 女子　七曲と号す。浅野又右衛門が妻。高台院の養ひ母。
  - 女子　あさひと号す。杉原道松が妻。
    - 家定　木下肥後守
    - 女子　従一位　政所　秀吉の室。高台院と号す。

第三に、そもそも当の木下家が、秀吉から木下姓をもらったと公言している点です。『寛永諸家系図伝』の木下家譜では、おねの兄家定が「若輩より秀吉につかへ、豊臣の姓、木下氏をたまハり、従五位下に叙し、肥後守に任ず」とされています。これも、『寛政重修諸家譜』でも同様です。木下家があえて虚偽を申告する理由も、編纂者の幕府がことさら書きかえる理由も思いうかびません。杉原家定が秀吉から木下姓をもらい、以後代々、木下を称したということでよいのではないか。

ちなみにゲレイロ編『イエズス会日本年報』は、秀吉と信長の出会いの場所が木の下であったため木下姓を与えられた、というおもしろい逸話を載せています。

金持ちの商家を出て、信長の重臣に仕えはじめた秀吉。屋敷近辺の道路を掃除する役目を仰せつけられ励んでいたが、ある日、鷹狩りに行く途中に通りかかった信長が、そこで鷹を逃がしてしまった。秀吉は猿のごとき敏捷な動きで高い木に登り、みごと鷹をつかまえた。おまけに人相もすこぶる猿に似ていたので「サル」と呼ばれるようになり、仕官のきっかけとなったその場所にちなんで「木下」を名字とされた、というのです。側室「なべ」（鍋）とのあいだにできた息子に「鍋には酌子《しゃくし》（杓子）が添うもの」といって「酌」と命名したように、自分の子にも冗談半分で名前をつけた信長にふさわしいエピソードです。

四天王の雄——本多家のルーツ

堀江登志実

◆本多家と姫路の関わり

徳川四天王というのは酒井忠次・本多忠勝・榊原康政・井伊直政の四人で、家康の天下取りに大きな功績を果たしました。

今日お話しする本多忠勝は、姫路藩主本多忠政の父親です。近世初頭のものでは優品の肖像画をみると、非常に立派な体格をしています。鹿角の脇立の兜、黒塗りの具足に数珠をたすき掛けにして、床几に座した姿です。描かれた甲冑も現存していて、肖像画とともに岡崎市で保管させていただいています。

本多忠勝画像（個人蔵）

本多忠勝の跡を継いだのが本多忠政で、姫路に入る前は桑名藩主、姫路に入るに際して三万石加増され十五万石で姫路の藩主になりました。その嫡男が本多忠刻で、正室千姫の化粧料ということで幕府から十万石を与えられ、本多家としては忠政の弟忠朝の五万石を合わせると、三十万石程度の領地が播磨の地に用意されました。本多家の歴史上姫路時代は一番威勢のいい時代だったといえると思います。三代目政朝は忠政の次男ですが、長男忠刻が若くして亡くなったので跡を継ぎました。このあと一旦姫路から離れて、六代目忠国が再度姫路に入りました。このように姫路と本多家には密接な関わりがあります。

◆姫路藩主本多家の系譜

本多家のルーツは『寛政《かんせい》重修《ちょうしゅう》諸家譜《しょかふ》』（『寛政譜』）という幕府編纂の系譜によると、助秀が豊後国（大分県）本多郷に居住したのが始まりだといわれます。そのあとの助定が足利尊氏に仕え、建武三年（一三三六）に志村某の凶徒を鎮圧せよという命令を受け、翌年に尾張国横根（大府市）・粟飯原《あいはら》（名古屋市）の二郷を領地として与えられました。九州にいた本多氏の先祖が尾張の地に領地をもつようになるのは、足利氏が建武の内乱期に九州まで遠征したときに従って、東海地方に来住したからではないかといわれています。「蜷川家文書」の「諸国御料所方支証目録」という幕府の領地を記した文書に「参河国本田左近将監跡」と、三河国に領地を持ったことが記されていて、時期は定かでないものの三河国になんらかのかたちで本多氏が関わりを持つようになったことが推測されます。

その三河国に松平氏が彗星のごとく現れて九代・百五十年ほどかけて家康の代に三河国を支

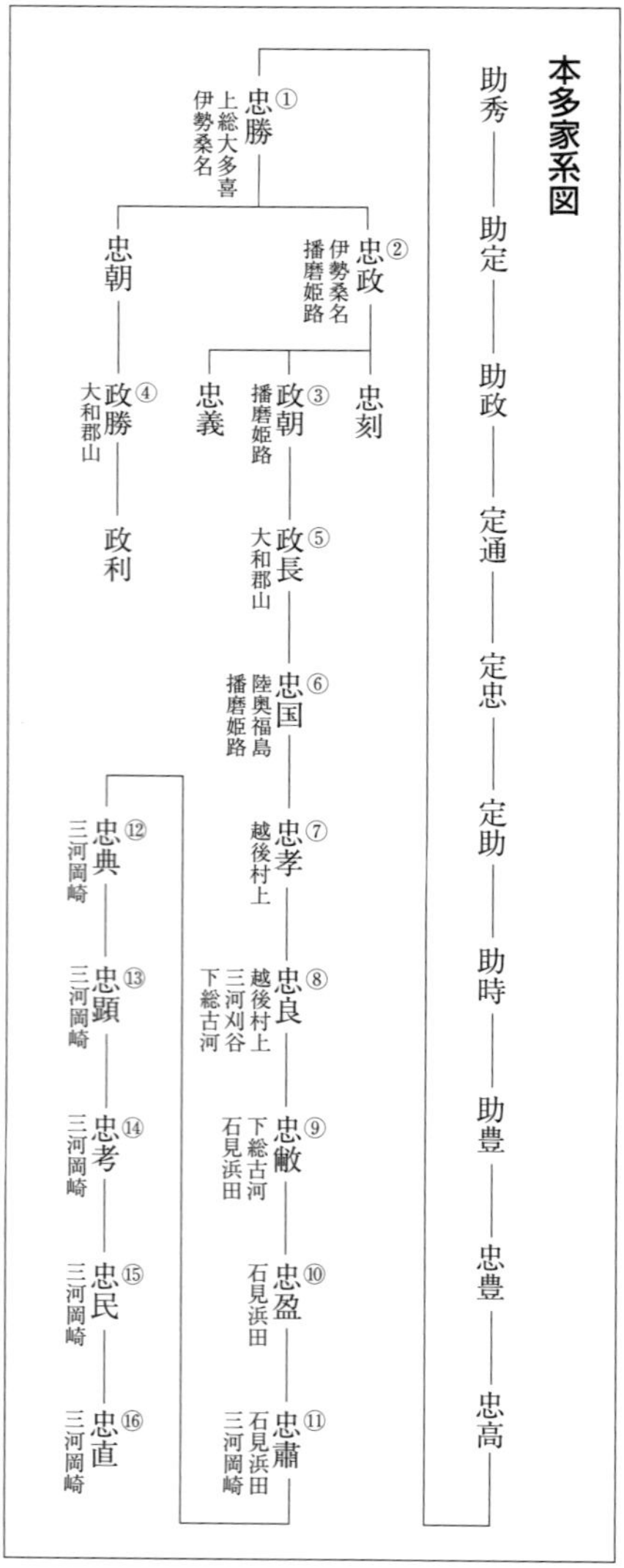

配することになるわけですが、助定のあとの助時が松平氏二代目松平泰親に仕えました。助豊が松平氏五代目長親に仕え、本多忠勝の祖父忠豊は松平氏七代目清康に仕えて、天文十四年（一五四五）織田氏との戦いで討ち死にしました。当時松平氏は今川と手を組んで織田と戦っていました。忠勝の父忠高も、天文十八年の織田氏との安城合戦で戦死しました。この本多忠高の碑が、戦死した安祥城の地に立っています。寛政九年（一七九七）に岡崎藩主で、本多家の子孫にあたる本多忠顕が先祖の供養のために建立したもので、亀の上に石柱が載っている亀

趺碑です。

本多家は典型的な譜代大名で、江戸時代、十回の転封を重ねました。家康とともに関東に入ったとき最初に、上総大多喜《おおたき》（千葉県夷隅《いすみ》郡大多喜町）に十万石で封じられました。関ヶ原合戦のあと桑名（三重県桑名市）で十万石、そのあと姫路、さらにそのあと大和郡山（奈良県大和郡山市）で、この時代、九六《くろく》騒動という跡目相続をめぐるお家騒動があり、それで一時陸奥福島（福島県福島市）という、譜代大名があまり行かないような場所に移されました。しかし再度姫路に戻り、この時代まで十五万石です。そのあと越後村上（新潟県村上市）で、宝永六年（一七〇九）、藩主が幼少で亡くなり跡継ぎがなかったので、宝永の減知といいますが幕府から領地を五万石にまで減らされました。三河刈谷（愛知県刈谷市）に短期間、そのあと下総古河（茨城県古河市）、石見浜田（島根県浜田市）、三河岡崎（愛知県岡崎市）となり、三河岡崎に入ったのが十八世紀半ばで、百年ほど岡崎の殿様として明治維新まで続きました。だから三河岡崎は、家祖本多忠勝が生まれたところであり、その子孫である本多家が百年ほど領主として君臨した、本多家と深い関わりがある土地です。

◆生誕から初陣

『寛政譜』によると本多忠勝は、天文十七年（一五四八）に三河に生まれました。天文十一年生まれの家康より六歳年少です。

家康の先祖である松平氏が発祥したのは三河山奥の松平郷（愛知県豊田市）です。松平氏初代親氏は近郷の領主として出発し、それから平野部に出てきて、最初に拠点としたのが三河国岩津（愛知県岡崎市）です。松平氏二代目が泰親でこの時代から本多氏が仕え、三代目が信光で、岩津城を拠点としました。この時代に本多氏は岩津城の一角に屋敷をもらったと考えられます。松平氏はこのあと安祥松平が惣領家になって安城、最後に岡崎と移るわけですが、この岩津時代に与えられた本多氏の屋敷がずっと家康の時代まで続いていて、忠勝はこの岩津城の本多家の拝領屋敷で生まれたと考えられます。現在、その屋敷があったと考えられる岡崎市西蔵前町に生誕碑が立っています。

忠勝は幼名を鍋之助、平八郎と称します。略して平八と史料などには出てきます。

忠勝の初陣は永禄三年（一五六〇）の桶狭間合戦です。松平氏は今川義元に従い桶狭間に出陣し、当時元康といっていた家康は大高城へ兵糧入れを命じられ、これに忠勝も従っていたようです。家康は桶狭間の合戦で今川義元が倒れたあと今川氏から独立して、三河の支配を目指し、一向一揆もあったりして非常に大変な時代でしたが、永禄八年ごろには三河をほぼ支配下に置きました。

◆家康より与力付属

家康は永禄十一年（一五六八）からは遠州に領地を広げる東進政策を進めていくことになります。この時期の永禄九年、家康から直臣の与力（所属の武士）五十三騎が与えられるという、本多忠勝にとって非常に大きな出来事がありました。このとき与えられた与力には都筑、梶、松下、河合、植村、多門《おおかど》など、江戸時代に譜代大名本多家の家臣団の中核となるメンバーがいます。これによって忠勝の家臣団は一気に大きくなり充実しました。ただし、のちに本多家の家老になる家の都筑惣左衛門は元々今川氏に仕えていて、永禄九年十月段階で今川氏真から領地の安堵を与えられており、永禄九年に家康から与力を付属されたという『寛政譜』の記述には少し疑問が残らないでもなく、また、都筑が永禄十一年に与力として忠勝に付属されたとしている史料もあるので、永禄九年はあくまで一つの目安で、おそらく永禄十一・十二年あたりに忠勝に付属されたというのが真実だろうと考えられます。

遠州攻略を始めたころの家康家臣団は三備体制をとっていました。支配下の三河を東西二分して東三河のトップである旗頭に徳川四天王の一人酒井忠次を、西三河の旗頭に石川家成（のちに甥の石川数正）を置きました。この二人の旗頭の下に、深溝・形原などの十八松平といわれる松平の庶家や、松平氏に古くから仕える譜代家臣ではない松平氏の三河支配の過程で従属した三河の国人たちが付けられました。さらに家康の身を固める親衛隊にあたる旗本の武将として、本多忠勝や鳥居元忠や榊原康政など、松平氏に従来から従ってきた譜代家臣たちが置かれ、忠勝らは戦の最前線で活躍する旗本先手役となりました。

◆唐の頭と本多平八郎

永禄十一年（一五六八）十一月に家康は遠州へ入りました。その翌年五月家康は、駿府の今川館から逃げて掛川城に籠もった今川氏真を攻め、半年ぐらいで今川氏はそこを追われて滅亡し、家康は遠州をほぼ配下に置くことになりました。そのあと十年以上にわたって武田との戦いが続き、この戦いでの目ざましい活躍によって、忠勝の名は知れ渡ることになりました。その最初が元亀三年（一五七二）、三方ヶ原の戦いの前哨戦、一言坂《ひとことざか》（静岡県磐田市）での武田との戦いで、その後武田の武将が「家康には過ぎたるものが二つある、唐《から》の頭と本多平八（忠勝）」と言ったと『甲陽軍鑑』などに記されています。唐の頭は、当時船来品で非常に高価であった動物のヤクの毛を兜に付けて飾りとしたもので、赤いものや白いものがあります。三河の武将は多く用いていたようで、『甲陽軍鑑』にも「三河武者十人か七人ハ唐の頭をかけて出る」とあります。また、家康が元亀年間（一五七〇~七三）武田に対抗するため上杉謙信と同盟を結んだとき、贈答品として唐の頭を贈ったことが記録に残されており、それほど当時珍重されていました。この唐の頭と並び称されるぐらい、本多忠勝の名が武田との戦いのなかで上がったことがうかがわれるわけです。

◈本能寺の変

天正十年（一五八二）、武田勝頼が自害して武田氏が滅ぼされました。同じ年、織田信長が本能寺の変で倒れますが、このとき家康は、信長の招きによって堺に遊んでいました。そして、この急変を家康に知らせたのが、家康より先に京都に向かっていて事件を知った本多忠勝でした。忠勝の急報のおかげで家康は堺から急遽三河に帰ることができましたが、これは「伊賀越え」として家康の三大危機の一つに数えられるぐらい危なかった事件です。

本能寺の変のあと家康は明智討伐に鳴海《なるみ》（名古屋市）に出陣しました。このとき本多忠勝が発給した天正十年六月十四日付の二通の文書が、忠勝の発給文書として現在年代が確認できるもののなかでは一番古いものです（史料・吉村文書）。

〔吉村文書〕

（前略）今日十四、到鳴海被致著陣候、弥御馳走肝要候、御存分も候はゝ、涯分可被申調之由候、此方之儀可被任置候、然者御質物之儀、早々被越候はゝ、猶々祝著可被申候、恐々謹言

（天正十年）
六月十四日

石河伯耆守
数正（花押）
本田平八郎
忠勝（花押）

吉村又吉郎殿
御宿所

これは石川数正と連署ですが、もう一通忠勝の署名のみのものもあり、それぞれ、美濃の領主吉村又吉郎と高木貞利に出したもので、東海道から美濃路を経て中山道経由で京都へ上る道中の接待を二人に依頼したものです。このなかに「御質物」「質物」という語が出てきますが、これは人質のことのようで、家康は自分の方につけるために人質を差し出すことを要求していたと思われます。連署した石川数正は「三備体制」の西三河の旗頭であり、その石川と並んで忠勝が頭角を現していたことを物語る史料です。

◆秀吉との関係

このあと天正十二年（一五八四）から十四年にかけて家康は秀吉と対立して小牧・長久手の

合戦などがあり、最終的には秀吉に従うことになりましたが、この秀吉との対立の時代、活躍した徳川四天王はその名を秀吉に知られるようになりました。四天王が徳川の家臣団のなかで地位を高めていったことについては秀吉との関係があり、秀吉に気に入られて名を上げていったということがあるのではないかと考えます。

そのことを示す史料として、深溝《ふこうず》松平の家忠の日記の天正十四年（一五八六）四月十九日の条があります。「御初いれに天野三郎兵衛を御つかハし候、秀吉無御存知仁にて候由にて、腹立にて候由、酒井左衛門尉歟、其外本田平八郎、榊原小平太か越し候ハぬとの儀にて候」。家康は秀吉に従うにあたって秀吉の異父妹の朝日姫を妻に迎えることになりますが、この朝日姫の婚礼結納納幣使として天野康景を遣わしたところ、秀吉は天野など全然知らないと怒ってしまい、もっと名前の知られた酒井忠次、本多忠勝、榊原康政をよこせと言いました。この言葉通りに忠勝は結納の儀式に行き、藤原定家の掛け軸や刀をもらったり、茶の湯を秀吉と一緒にたしなんだりして無事に役を務めたと記されています。

また、天正十六年に家康が聚楽第行幸で上洛したときに本多忠勝も供奉して聚楽第に入り、そのとき従五位下中務大輔に任官したといわれます。官位官職を与えるのに大きな権限を持っていたのは秀吉でしたから、秀吉によって任官したといってもいいでしょう。

忠勝の文書は天正十六年のこの聚楽第行幸以降、今まで本多平八郎と称していたものが本多中務大輔または中務少輔という官職名を付けて名乗るように変わります。文書には「大輔」と「少輔」の二つが混在していたり、「太輔」と書いてある文書もあります。こうした官職名の混在がなぜおきるのかまだよくわかっていませんが、こうした官職の混同はよくあることで、本多忠勝だけではなく井伊直政などもそうで、一般的にあるようです。そういうわけで、ここではとりあえず中務大輔に任官されたとしておきましょう。また、中務の唐名を使って「本多中書」と名乗ることもありました。その後の本多家の任官をみていくと、二代忠政が美濃守、三代政朝が甲斐守、四代政勝が内記、五代政長以降中務大輔にほぼ固定します。

◆関東制圧

天正十八年（一五九〇）秀吉が小田原攻めを行い、このとき忠勝は小田原城を攻めるのではなくて関東一円の城の攻略を命じられて、秀吉の武将浅野長政・木村重高、さらに家康の家臣鳥居元忠・平岩親吉とともに関東の諸城の攻略を行いました。天正十八年六月二十四日付で、相模国見増郷に対して軍は乱暴してはいけないという禁制が、本多忠勝・平岩七之助（親吉）・戸田三郎右衛門尉（忠次）・鳥居彦右衛門尉（元忠）の四人を差出人として出されています（史料・相州文書）。

〔相州文書〕

禁制　　　　　　　　　　相模国見増之郷

一軍勢甲乙人乱妨狼藉之事

一放火之事

一対地下人申懸非分事

右條々堅令停止畢、若有違犯之輩、速可処厳科之由所被仰出也、仍如件

天正十八年六月廿四日

本田中務少輔（花押）

平岩七之助（花押）

戸田三郎右衛門尉（花押）

鳥居彦右衛門尉（花押）

この四人らが見増郷にある筑井城の受け取りをした文書も残っています。そのほか武州の岩槻城を落城させたあと受け取りをするわけですが、それにあたって秀吉から本多忠勝・鳥居元忠・平岩親吉に宛てて城の受け取りについて指示が出されています。主君は家康であるにもかかわらず、秀吉からも指示が出されていたのです。

忠勝は小田原攻め後の家康の関東移封とともに上総大多喜に封ぜられて、家康から十万石をもらって城主になりました。このとき、秀吉から関東制圧で功績を上げたということで、秀吉が奥州へ赴くときに宇都宮で秀吉に謁見して、秀吉から佐藤忠信の兜をもらったといわれています。源義経の家臣佐藤忠信の兜を拝領したということで、本多家では幕府の儒者林家に「兜記」という記録までつくらせて大事に後世まで伝え、現在、本多家の子孫に伝わっています。一見して兜は義経の時代のものでは全然ないわけですが、秀吉からもらったということで大事にしたのです。

家康が行なった関東入国時における家臣の知行割にも、秀吉の意思が存分に働きました。たとえば井伊直政は上野国箕輪（群馬県高崎市）に土地をもらいましたが、箕輪城の普請は秀吉が直接指示をしたという史料が「井伊家文書」にあります。また関東転封において徳川四天王の武将たちが、井伊直政十二万石、本多忠勝十万石、榊原康政十万石と、譜代のなかでは高い石高をもらったのも秀吉の差金であると思われます。

このように秀吉によって徳川家中のなかで自分たちの地位が高くなったことの証を後世まで大事に伝えたいという思いから、本多家も、秀吉との関係を大事にして、それを後世に伝えてきたわけです。

◆大多喜時代

本多家は大多喜城に入るわけですが、当初は一時的に万喜城に入ったといわれています（史料・滝川文書）。

〔滝川文書〕

（前略）御肝煎故拙者存分ニ相澄、上総之国万喜之城被仰付、（後略）

（天正十八年）　　　　　　　　　　本田中務太輔

八月七日　　　　　　　　　　　　　忠勝（花押）

滝川彦次郎殿

御陣所

忠勝が滝川彦次郎に宛てた文書で、あなた様の肝煎（お世話）で上総国の万喜の城を仰せ付けられた、とあります。滝川彦次郎は秀吉の武将ですので、万喜城の拝領は滝川が秀吉とのあいだに入っていろいろとお願いしたこと、そして忠勝の大多喜十万石の拝領になっていくことが史料からも推測されるわけで、やはり秀吉との関係が非常に重要なのです。

忠勝の大多喜入城は、一つはすぐ南の安房が家康の領国ではなかったので、安房の里見氏に対する備えです。大多喜は内陸で非常に交通の便の悪いところですが、軍備上の押さえの地でした。井伊直政が北の上野国箕輪を与えられたのも、忠勝同様に北に対する防備で、要所に四天王の武士たちが配置されていました。

大多喜城絵図をみると街道筋の両側に家が並んでいますが、本多忠勝は城下町の整備を行い、久保町で市を取り立てて町の再興を図ったという伝承があります。現在、大多喜城の地である千葉県夷隅郡大多喜町へ行くと、忠勝が取り立てた久保町辺りが町の一番賑やかなところになっています。

◆関ヶ原合戦

本多忠勝が生涯のなかで一番歴史に名を残したのが慶長五年（一六〇〇）の関ヶ原の合戦で、東軍の軍監として井伊直政とともに東軍諸将の指揮をとりました。

『岐阜県史』には、関ヶ原合戦の前に、二人が東軍の指揮をとるということで、井伊直政と忠勝が連署して各地の寺や村に出した禁制がいくつか収められています。本多忠勝は当時中山道を進んでいた秀忠とも密接な連絡を保っていて、秀忠が本多忠勝に宛てた九月五日付の手紙もあります。これは、関ヶ原合戦は九月十五日ですが、その十日前、濃州・岐阜の城を落とした手柄を秀忠が褒めたものです（史料・本多家文書）。

〔本多家文書〕

今度於濃州表各被及一戦、敵悉被討捕、岐阜之城取詰、即時落居、其上為後詰石田治部少輔人数出候処ニ、是又不残被討果之由、無比類次第ニ候、此通能々相心得可申候、将亦真田表為仕置出陣候、頓而隙明次第可令上国候也

（慶長五年）

九月五日　　秀忠（花押）

本多中務少輔とのへ

本多忠勝にとって関ヶ原合戦の一番のポイントが、毛利と小早川の対策でした。そこで忠勝と井伊直政は連署で、毛利輝元が陣を敷く南宮山の吉川広家と福原広俊に宛てて誓書を出しています（史料・吉川家文書）。同じものが小早川秀秋にも遣わされています。

〔吉川家文書〕

起請文前書之事

一対輝元、聊以内府御如在有間敷候事

一御両人別而被対内府御忠節上者、以来内府御如在被在被存間敷事

一御忠節相究候者、内府直之墨付、輝元へ取候而可進之事、付、御分国之事不及申、如只今相違有間敷候事（中略）

慶長五年九月十四日

本多中務太輔

忠勝　血判

井伊兵部少輔

直政　血判

吉川侍従殿

福原式部少輔殿

合戦の前日九月十四日に出した「輝元に対し、いささかもって内府（家康）如在あるましく候（疎略にしません）」という内容の二人のこの誓書が、関ヶ原合戦の命運を決することになったのです。

この合戦で忠勝は、中央突破したあと逃げる島津を、徳川秀忠から与えられた駿馬・三国黒に乗って追撃しますが、馬に鉄砲の弾が当たり、落馬してしまいました。そのときすかさず、家康から付けられた与力の梶金平が馬を差し出して忠勝を助けました。この落馬の場面は関ヶ原合戦を描いた屏風に描かれています。この馬の鞍は、従臣原田弥之助が持ち帰り、大事にされて現在まで残されています。

◆桑名時代

関ヶ原合戦で手柄を立てた本多忠勝は、慶長六年（一六〇一）に大名として取り立てられ、十万石で桑名に入りました。桑名城の絵図を見ると、海に面した要衝の地に城を取り立てて城下町を東海道が通っています。この慶長の町割りは現在の桑名の町の原型をなすもので、桑名城には本多忠勝の立派な銅像が立っていますが、これもそうした功績を物語るものでしょう。桑名時代の功績として、桑名春日社への寺領安堵が挙げられます。また、愛知県豊川市の八幡社領に関する検地奉行米津清右衛門宛の書状も残されています。

晩年の忠勝は眼病を患っていたようです（史料・彦根藩三浦家文書）。

〔彦根藩三浦家文書　早稲田大学図書館蔵〕

（前略）去年より眼病気ニ候て、于今透共無之候故、兵部少輔（井伊直継）へも御見舞申をも不申候、右之分ニ御座候間、めかすミ判形不罷成候間、印判を以申候、可被成御免候、以上（中略）殊爰元珍敷生成鮒鮨一桶送給候、御懇志之至、別而忝存候、（中略）其元御普請無御由断之由、御苦労共候、（中略）

本多中務
忠勝（黒印）

三月七日

三浦十左衛門殿

御□□

忠勝は関ヶ原で井伊直政と一緒に合戦に臨んだことで、井伊家の家中ともつきあいがあったようで、忠勝が井伊家家中三浦十左衛門に宛てて、合戦後彦根に封じられた井伊家が始めた彦根城の普請の労をねぎらう手紙です。「目がかすんでしまって花押が書けないから印判でもって申し上げます」「鮒ずしを送ってもらった御礼をここに記します」「彦根城の普請の苦労をねぎらいます」といったことが書かれています。『彦根市史』にはこのほかにも三浦に宛てた手紙が収められていて、そのなかに忠勝が亡くなる直前の慶長十五年の日付で、関ヶ原のことを思い出して書いているものがあり、忠勝の彦根家中との関わりがうかがわれます。

また、慶長十三年（一六〇八）に伊賀上野の筒井定次が領地を没収され、幕府の命令で城の受け取りに忠勝が目を患っているなかわざわざ伊賀まで赴きますが、それに対して将軍秀忠がねぎらいの手紙を出しました（史料・本多家文書）。

〔本多家文書〕
所労之儀、無心許候之間、中根善八郎差越候間、能々養生之儀専一候、今度者煩之中、伊州越事、一入苦労共之候、猶使者可申候也
（慶長十三年）
七月廿八日　　　　　　秀忠（花押）
本多中務少輔殿

忠勝は慶長十五年十月十八日、桑名で亡くなりました。桑名の浄土寺に葬られ、忠勝の墓碑、その前に中根と梶の両家老の墓が並んで残っています。

◆家祖忠勝の神格化

のちに本多家において忠勝の神格化が行われるようになりました。とくに下総古河藩主であった八代目本多忠良の時代、忠良は京都吉田家に交渉して映世《えいせい》霊神の神号をもらって古河城内に忠勝を祀る映世神社をつくり、忠勝の祥月命日十月十八日を祭礼の日としました。この映世神社はのちの本多家の転封先である岡崎城にも移されています。

十月十八日の祭礼は、本多家の記録『九六騒動記』にはこうあります。「今本多家には、映

世霊神の祭礼を行、毎年十月十八日也、映世霊神の神前において執行、其規式は軍事の備をなして行軍の粧ひをなし」、つまり現代でいう武者行列を行っていました。この伝統は後世も引き継がれて、現在の岡崎市の春の風物詩「家康行列」の淵源は、この忠勝の祭礼にあるといわれています。

現存する本多忠勝の甲冑は、肖像画の甲冑と少し違っています。肖像画の甲冑には格式を持たせるために古い時代の大袖を付けて描かれていますが、現物には袖は付いていません。

後世の歴代本多家の当主には、家祖忠勝にあやかろうと、忠勝のシンボルといってもいい鹿角の兜をまねる当主がいました。忠勝の鹿角は、和紙を漆で塗り固めてつくる張懸《はりかけ》という技法によるものですが、五代目政長の甲冑も、兜の鹿角の脇立や数珠を似せてつくっています。七代目忠孝は十三歳で越後村上にて亡くなり、このあと本多家は十五万石から五万石に石高を大きく減らされますが、この忠孝が特注でつくらせた甲冑の兜の鹿角の脇立も忠勝と瓜二つです。ただ、まだ少年だったためか全体的に小ぶりです。

彦根の井伊家でも家祖直政の甲冑を後世の当主がまねました。江戸時代、どこの大名家でも家祖を大事にしましたから、家祖のシンボルを歴代の当主がモデルにしてまねてつくっていくことが、多くの大名家で行われました。

◆本多家の家臣団

永禄九年（一五六六）、本多忠勝が家康から与力五十三騎を付属され、都筑や松下等、のちの本多家の中核となる武将がこのなかに含まれていたという話を先ほどしました。このあと永禄十一年、家康の遠州攻略のなかで浜名氏の一族を征服して、大野吉右衛門頼重・大屋吉大夫光政・同金太夫頼次の三名を与力として家康から与えられました。さらに天正十八年（一五九〇）、家康が関東へ移り忠勝が大多喜に十万石を与えられたときに、中根平右衛門・松平金兵衛・長坂血鑓九郎という与力が与えられました。本多家に与力が家康から与えられたのは三回ほどになります。

『寛政重修諸家譜』によると、譜代大名の家は、永禄・元亀・天正の時代に家康から与力を与えられて家臣団を充実化し家康の強力な家臣団がつくられたということで、譜代大名の形成のうえに与力が与えられることは非常に大きな意味があったと思われます。与力は、戦国大名の一般的な寄親寄子制度（有力家臣を寄親とし、小家臣を寄子とする。寄親も寄子も主君の家来）によるものと考えられています。大名（家康）が有力家臣に与力を与えて、その与力は有力家臣のもとで戦いに臨むわけです。寄親と寄子は実質的には主従関係になく、主君である家康と主従関係にあります。一般的に、寄親を勝手に変えることは禁じられていました。寄子には寄子給という領地が与えられ、寄子給は寄親の知行に含めて与えられました。つまり本多忠勝の寄子に与えられる知行は、本来忠勝に与えられる知行のなかから与えられるところですけれども、本多家の与力の場合は少し特殊で、直接家康から知行を与えられていました。

このように家康から直接与えられていた知行ですが、本多家の記録によると、本多家の二代目忠政の元和期ごろ、幕府に知行返上して、本多家より知行が下付されることになりました（史料・本多家文書）。

〔本多家文書、梶家系譜　勝成項〕

年月不相知、元和之頃、従大権現様被下置候知行者、美濃守忠政より指上之、為替忠政より於播州姫路之内、黒田村・（中略）東笠原村等之処ニ而二千五百石、寄子給千五百石、併四千石之地遣之、所領仕候、（中略）寛永八年辛未、（中略）芝村之内等之処ニ而二千五百石所領仕候、寄子給者此時より相止申候

今まで家康から与えられた知行を幕府に全部返上して、本多家から領地を姫路でもらったということです。

これにより、与力たちは幕臣としての身分がなくなって、完全な本多の家臣になりました。都筑惣左衛門だけでも六千石ぐらい持っていたわけで、与力たちの持っていた石高をすべて合

わせるとかなりのものになったと思います。そういうことを考えると、元和三年（一六一七）姫路転封に際して本多家が五万石加増されたのは、忠政が大坂の陣で活躍したからだと従来考えられていましたが、幕臣だった与力たちが本多家の家臣になったことに対応する意味合いもあるのではないかと考えています。

本多家の場合、与力のなかでとくに領地をたくさんもらっていた梶や都筑、河合といった大身の与力に限っては、寄子給が与えられていました。たとえば都筑氏では家康から六千石もらっていたうちの二千五百石が寄子給、梶氏については四千石のうちの千五百石が寄子給でした。都筑氏などにはさらにその下に寄子をつけるという、家臣の下に家臣がいる、二重の主従関係が存在していました。

姫路時代の寛永十年（一六三三）、忠政が亡くなり三代政朝が跡を継いで家臣の知行替えを行いますが、そのときに寄子給がなくなりました。これによって、中世的な寄親寄子制度が解体し、家臣の下に家臣がいる、重層した主従関係が取り払われ、主君のもとに直接家臣を配するという主従制の強化が行われたと考えられるわけです。

こうして、中世的な寄親寄子制を解体して重層的な構造の家臣団を再編成し、近世的な主従制の貫徹した家臣団に編成しなおすことが、姫路時代に本多家で行われました。

◆譜代大名西国進出の尖兵として

関ヶ原合戦のあと譜代大名は東海道に沿って配置され、一番西には彦根に井伊直政が、伊勢の桑名に本多忠勝が入りましたが、まだ西国には譜代は一つも入りません。それが大坂の陣以降変わってきて、とくに元和三年（一六一七）、本多忠政が姫路に十五万石で入る、さらに播磨明石には、本多家と姻戚関係にある信濃松本八万石の小笠原忠真が十万石で入る、播磨龍野五万石に忠政の弟の政朝が上総大多喜から入る、摂津尼崎五万石に近江膳所三万石の戸田氏鉄が入ってきて、丹波までだった譜代大名の勢力がさらに西の播磨までのびました。

元和五年には、大坂城の幕府直轄化が行われました。このときに大身の外様大名福島正則が改易されたり、和歌山の浅野氏を転封させてそのあとに徳川一門であった頼宣を移したり、和泉岸和田の小出氏を但馬出石に移してそのあとに松平（松井）康重を入れたり、摂津高槻に松平（形原）家信が入ったり、譜代の水野勝成を大和郡山から福山に転封させたりしました。これらの目的は、大坂城を中心に親藩・一門・譜代を配置して、軍事的・経済的拠点としての大坂を把握して西国大名を統制化することでした。

これら江戸時代初期の幕藩体制構築の動きのなかで本多家は、譜代大名の西国進出の尖兵として大きな役割を果たしたといえると思います。

譜代の重臣
——榊原氏の発祥と康政の系譜

花岡公貴

◆はじめに

榊原という殿様、とくにそのなかでも八代の榊原政岑は、姫路の人なら多くの方がご存じだろうと思います。「ゆかた祭り」「高尾太夫」「好古園」などが、姫路における政岑のキーワードになろうかと思いますが、その政岑が高尾太夫との事件をきっかけに、八代将軍吉宗に隠居謹慎を命じられ、その息子政永が転封して行った先が上越高田でした。そのあと榊原氏は、明治維新まで百三十年間高田の殿様を務めることになりました。そのような事情で新潟県上越市に榊原の史料がたくさん残っていて、私はその史料をお預かりしている立場として、その榊原の初代康政のお話をしに、新潟県上越市から参りました。

残された史料は藩祖康政の時代のものがいちばん多いかもしれません。長くいた姫路時代の史料も残されていますから、姫路の研究にも役立つと思います。ほかにも白河や越後村上、館林の藩主も務めましたので、それらの史料も多く残されています。

◆榊原家の発祥

榊原家の家譜（「榊原家譜」〈「榊原家史料」榊原家所蔵・㈶旧高田藩和親会管理〉）によると、榊原家の先祖は伊勢国一志郡榊原郷（今の三重県津市）から出たとされています。「榊原家史料」（榊原家所蔵㈶旧高田藩和親会管理）に、その榊原郷を描いた絵図「榊原郷之図」が伝わって

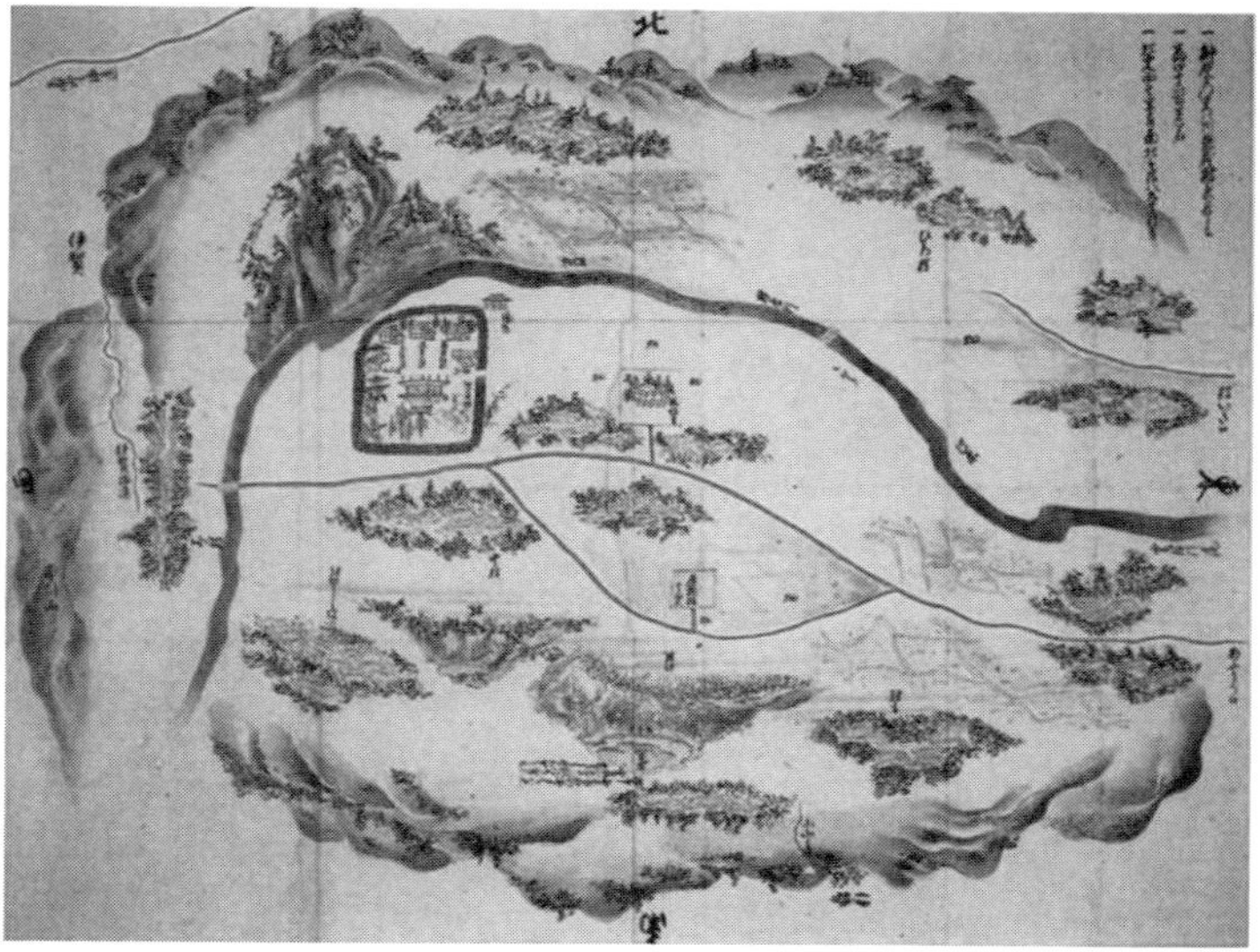

榊原郷之図（「榊原家資料」榊原家所蔵・旧高田藩和親会管理）

います。江戸時代になってつくられた絵図です。絵図には、山に囲まれた盆地のような地形のところに、屋敷跡のようなものがあります。これが榊原城の跡だと書かれています。こうして、戦国時代榊原という氏族がここに住んでいて小さいながら領主を務めていたと言い伝えているわけです。

榊原家はさらに遡ると清和源氏の系譜を引き、その清和源氏から出た仁木という家が榊原家の先祖であるといいます。

足利尊氏の部下であった仁木義長は伊勢の国司を務めました。その義長の伊勢国司の家系が続いたのち、榊原康政の五代前、榊原利長の時代に榊原郷に移り住んで定着し、榊原という名前を名乗るようになりました。利長の二代後の榊原清長が、尾張織田家の圧力を受けて伊勢榊原郷にいられなくなり、三河に移り住みました。この清長が松平家の家来になって代々榊原家は松平家に仕えるようになります。清長の子供が長政、長政の子供に清政と康政がいて、この康政が、榊原康政です。榊原家は古い時代は「長」を通字にし、その後は「政」を通字にしています。

以上は大名榊原家の家譜に書いてあることですが、大名家以外の榊原家の家譜や系図などを見ると、必ずしもそうなっていないのです。

たとえば、江戸時代に旗本となる榊原家は、同じように自分たちの家は伊勢国一志郡榊原郷から出てきた榊原家だといっています。ところが、先祖は藤原氏だというのです。これは「寛政重修諸家譜」という江戸幕府が編纂した旗本や大名の家譜のなかにはっきり書かれていることです。その家譜を見ると、藤原秀郷に始まって、佐藤という名前になって、そのあと榊原郷に住んで榊原基氏・榊原具政と続き、榊原経定（貞政）・利経（清政）と続き、基経（政光）という人物が出ます。「経」を通字にしていますが、奇妙なことに、榊原経定、利経、基経には、貞政、清政、政光という「政」を通字にした名前も併記されています。そしてこの旗本の榊原家の家譜には、利経（清政）から榊原康政の家が出たとしているのです。

また、一志郡榊原郷は津市に合併する前は久居市でしたが、その『久居市史』にはこんなことが書いてあります。康政の榊原家が三河国に移っていったあとも榊原家は榊原郷に残ってい

伊勢榊原氏統合系図

「榊原家御系図」（高田図書館所蔵「榊原文書」）、「綏定録・嗣封録」（榊神社所蔵）
『寛政重修諸家譜』、『久居市史』上巻（久居市役所）より

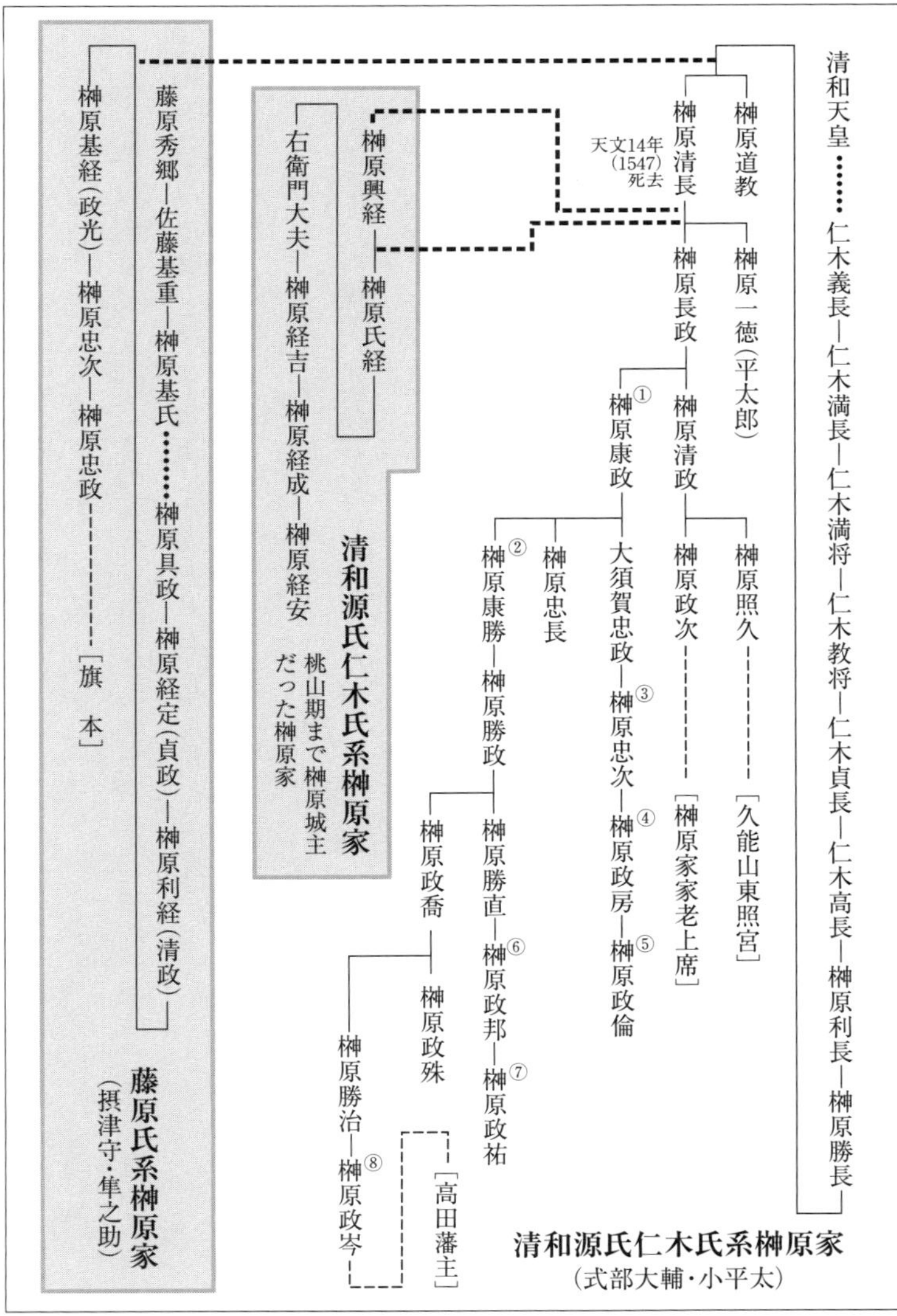

て、その榊原家は、清長の子供が興経、その子供が氏経で、この人が戦国時代に活躍し、このときは北畠氏の家来だったが、そのあとは織田家の家来になったといいます。この榊原氏は実際このあとも榊原郷に残って榊原城の城主として振る舞っています。

このように伊勢の榊原郷をめぐって三つの榊原家が出てきますが、それぞれなんだか一致するようで一致しないような系図を持っているわけです。とくに三つ目の榊原郷の榊原氏では、榊原清長の子供が興経で、興経の子供が長政となっていますが、これを大名榊原家の系図で見れば、長政は清長の子供ということになっていて、一世代のずれが見られます。

頭がこんがらがりそうですが、「徳川四天王」と呼ばれる榊原家ですらその本当の由緒ははっきりしない面があるといえるのではないかと思います。

清長の前後で三つの家の家系図が入り組んでくるので、清長がキーパーソンになりそうです。難しいことですが、この清長という人物をもう少し調べてみて何かわかればこの謎が解けていくかもしれません。今後、当時の古文書や史料を調べて、もう少し榊原家について整理をしていかなければならないのではないかと考えています。

◆家康との出会いから初陣まで

この姫路には、徳川四天王のうち井伊家以外の三つの家、酒井、本多、榊原が藩主としてやって来ます。徳川四天王というのは江戸時代の途中でできた言い方で、古くは、榊原康政、本多忠勝、井伊直政の三人を指して「徳川三傑」と言っていたようです。徳川三傑という言葉がいつできたかには諸説ありますが、豊臣秀吉が忠勝、康政、井伊直政の三人の徳川家康の家臣を指して三傑と称したともいわれています。そして江戸時代、この三人に年長の酒井忠次を加えて徳川四天王と呼び習わされるようになっていきます。

この三人あるいは四人は、徳川家康の幕府創業という覇業を、岡崎での旗揚げから支え続けた人物です。

「榊原康政像」が今に伝わっています。この絵は榊原家を離れて国立東京博物館所蔵。鎧を身

榊原康政像 本紙（森田亀太郎（模）、重要文化財、東京国立博物館所蔵 Image:TNM Image Archives）

につけて左側を睨むような姿をしています。この鎧も現存しており、やはり東京国立博物館の所蔵。日輪に無の字が榊原家の旗印で、この旗も東京国立博物館所蔵です。まとめて国の重要文化財に指定されています。薄目をあけて遠くを見るように描かれたこの絵からは、落ち着き払った知的な印象を受けられるかと思います。私は、実際の康政もそのような人となりだったのではないかと思っています。本多忠勝などに比べると、静かに考えて物事を実行するタイプであったようで、武略については忠勝が一番だが、知略については康政や井伊直政のほうが上だともいわれます。そんな地味なタイプのせいか、小説や大河ドラマ・歴史ドラマで康政が活躍する場面が描かれることはけっして多くはありません。

榊原は、松平家にとっては、康政の祖父の代に伊勢から三河にやって来た、いわば新参の家で、その意味では古くから仕えている酒井や本多とは違います。そんな家のしかも次男坊の康政が、どういうふうにして家康と出会ったのでしょうか。

【「綏定録」（榊原家史料）より康政の項（抜粋）】

一、御武功記ニ云、幼名於亀と申、十三才之頃より三州大樹寺ニ手習学問被成候、永禄五年十月御父長政様御遠行以後叔父一徳斎様兼而家康公へ奉仕被成候処、無養子故ニ於亀を養子ニと有之一徳斎初名平太郎と申ニ付小平太と被成候となり、其後大樹寺ニ初而家

康公へ御目見へ（十五才とも云）由緒を御尋被成厚御意以召出、夫より日々御側近ク御
奉公被為成候事

「綏定録」（「榊原家史料」榊原家所蔵・㈶旧高田藩和親会管理）は代々榊原家に伝えられている榊原家の家譜です。非常に詳しく書かれた家譜で、江戸時代の終わりごろに榊原家の家臣が、それまでにつくられたさまざまな本や歴史書や当時残っていた古文書等を網羅して、さまざまな角度から検証して編纂しました。書いてあることがすべて本当だというわけではないでしょうが、ある程度客観的に見ることのできる史料だと考えています。

以下はこの系譜によってお話しを進めていきましょう。

榊原康政は天文十七年（一五四八）、清長の子、長政の次男として三河国上野で生まれました、幼名は於亀です。永禄三年（一五六〇）十三歳のころから三河国上野の大樹寺にて学問を学ぶようになりました（永禄五年とする説もあります）。

永禄五年に父長政が亡くなり、子供がなかった叔父一徳斎が手元に引き取って養子にし、一徳斎のはじめの名前平太郎から、小平太と名乗りました。その後、大樹寺で初めて家康にお目見えし、召し出されました。

その翌年の永禄六年、十六歳の康政は三河一向一揆の上野城攻めで初陣を飾りました。

【「綏定録」より「康政」の項（抜粋）】

永禄六年癸亥九月一向宗乱ニ依而碧海郡上野之城攻ニ兄孫十郎清政ハ酒井将監ニ随ヒ城兵たりといえ共、同十三日之城攻ニ小平太其時十六才初陣成しか、笹切と号ス十文字の鑓を揮て相働勇鋭ヲ顕シ高名す此人後ニ御当家之三傑といわれし式部大輔康政是也

三河一向一揆は、永禄三年に今川義元が死に、家康が自分の国である三河の岡崎に帰ってしばらくしてから起こりました。この三河国じゅうを巻き込む一向一揆では、一揆側に松平家に代々仕えてきた名だたる武将がたくさん入り込み、これを鎮めるのに家康は非常に苦労しました。たとえば上野城には、酒井忠次の親戚といわれる酒井忠尚という有力な武将が入って一揆側に加わっていました。あるいは本多正信も若いころ、一揆側に加わっていたといいます。

康政の兄孫十郎清政は、上野城に籠もった酒井将監（忠尚）の家来でした。つまり康政は徳川家康の側についていたけれども、兄清政は一揆側に加わっていたことになるのです。結局一揆は鎮圧され、そちらに加わっていた清政は弟の康政を頼って身を寄せ、清政の子政次の家系はのちに康政の藩の家老の上席、つまり康政家の家来になりました。清政にはもう一人子がいて、その家系は静岡にある久能山東照宮の宮司になりました。

康政はこのときに家康側についたことによって、次男坊ではあったけれども榊原家の総領として生きていくことになったわけです。

◆徳川の先鋒として

永禄七年（一五六四）、康政は今川方三河国吉田城攻めで本多忠勝・鳥居元忠とともに旗本先手を勤めて、これを吉例とし、以後徳川家の先鋒を勤め続けることになりました。

【「綏定録」より「康政」の項（抜粋）】

一、遠州吉田下地の兵と御合戦之砌、権現様御備七手ニ御分御出、御先に本多平八郎・鳥居彦右衛門・榊原小平太康政被仰付、御節より御吉例之由奉蒙　仰付御旗本先手御勤被成候、

遠州吉田と書いてありますが実際は三河で、吉田下地は豊橋市内の地名です。本多平八郎は忠勝、鳥居彦右衛門は元忠です。

榊原康政が初陣のときにつけたと伝えられている鎧があります。上越市の榊神社という康政を祀った神社のご神体となっています。少し変わった鎧で、お腹のところに「無」の篆字を切

茶糸素懸威黒塗桶側五枚胴具足・鉢巻型兜（榊神社所蔵）

り抜いた銀板が貼りつけられています。兜もちょっと変わっていて、前立てや脇立てがなく、手ぬぐいを巻いて前でギュッと絞った形をかたどっています。

本多忠勝は一生に一度も怪我をしたことがないといわれますが、康政はよく怪我をしました。遠州堀川の城を攻略するときも康政は、また先手を任されました。

【「綏定録」より「康政」の項（抜粋）】

明日ハ堀川へ先登し一番ニ乗入其功を顕さんと欲ス、各ハ指物を止め腰差か袖笠を用へし、（中略）翌七日黎明ニかかり康政紺地無之字の指物を帯ミ笹切といへる鎌鑓を携へ一番ニ進んて塀より乗入鑓を合す、（中略）戦ふ程に康政二ヶ所深手を蒙る、家従等康政を肩に掛て引ク

「背中につける大きな旗指物のような大きく目立つものはやめなさい」と康政は家来に言い、

そして槍が得意だった康政は、自分は紺地に無の字を書いた旗指物をつけて、笹切という鎌鑓を携え、堀川の城へ自分と手下を連れて一番乗りして味方の軍勢を呼び入れました。そして戦いで深手を負った康政を、家来が肩にかけて引っ張って連れて戻ったというのです。

◆上杉・北条ほか大名との取次―康政は有能な外交官

康政は先陣で活躍することだけが得意だったわけではありません。徳川家康の外交官としての活躍も見られます。榊原家の史料のなかに、上杉謙信から榊原康政に宛てた手紙が残っています。上越市は上杉謙信の居城春日山があった場所でもあり、二重の意味でこの文書は私どもにとって貴重です。

【上杉謙信書状】（「榊原家史料」榊原家所蔵旧高田藩和親会管理）

越中帰陣已来者家康不申通

本意外候、（中略）

関東之諸士何も属当方候

条、当十八令越山、於西上州可揚

放火候、被遁此時節候者、信・甲

不可有一切候間、信長江有諷諫、急
度被及手合、被付興亡候様ニ家康へ
諫言専一候、例式武田四郎計略
名之下ニ候間、不可過推察候、

越中（富山県）での戦い以来家康と連絡が取れなかったのは自分の本意ではありません、と言っています。当時の普通の大名の軍隊は農民ですから、夏のあいだは耕作をして冬に戦争をします。謙信の場合は、冬になって軍勢が使えるころになると、新潟県上越市ですから雪が多いときには四メートルほども積もって軍隊が動かせなくなってしまいます。それでは軍勢がもったいないから、関東へ出稼ぎに出るわけです。武田信玄が死んで四郎（勝頼）が武田家を継いだ時期で、信長と謙信は同盟を組んでいたころです。謙信は、信長に直接手紙を出せばよさそうなところ、「この年（天正二＝一五七四年）も私たちは上州（群馬）へ出ていくけれども、自分が関東に出ているあいだに武田勝頼を後ろから攻め、必ず興亡（決着）をつけるよう、信長に諫言するように家康に伝えなさい」と康政に書き送ったのです。

こうしてみると、康政が上杉家との手次、つまり交渉のあいだに立つ重要な外交官であったことがよくわかります。とくに関東は北条・武田・上杉が、常に同盟を結んでは崩れ、同盟を結んでは崩れるという状況で、徳川がそういう複雑な状況を巧みに利用して外交を行っていたことがよくわかりますし、康政がそれに堪えうるだけの人物だったことが想像できます。

◆徳川と豊臣―両属大名

康政がその名前を一番有名にした戦いは、小牧・長久手の戦い（天正十二＝一五八四年）だといえます。信長の死後、家康は秀吉と対立した織田信雄と同盟し、尾張で秀吉と対峙します。康政は小牧山に本陣を置くことを進言したり、秀吉を誹謗する檄文を作成したり、豊臣別働隊の三好秀次や池田恒興、森長可を撃破したりと戦いを導いていき、その結果、秀吉にも一目置かれるようになりました。

そのときの檄文が非常に有名です。「それ羽柴秀吉は野人の子なり」と書き始められ、大恩のある信長の死んだあと、信長の遺志にそむいて信長の子供たちを次々と蹴落としていき、今度は信雄を蹴落とすつもりである、とても人のやるべきことではない、信雄を助けている家康にみんな味方しなさい、という内容です。これを知った秀吉は非常に怒って康政の首に何十万石という賞金をかけたといわれていますが、この檄文が本当に存在したかどうかは定かではありません。

【「綏定録」より「康政」の項（抜粋）】

則忠勝江一人相残可守与仰渡、尤大切要害之地なれハ家士ニも一決可為致と　上意にて忠勝家人ニ内談之処小牧ハ要害浅シ水之手兵糧之便り無之地ニて太閤ヲ引受て籠城せよと有ハ無体也とて御請不申に付、康政江御座候処家中之者ともへ承合被成候へハ何レも申候ハ、何方ニ而御用ニ立候も同し義也、殊ニ秀吉程之大敵ヲ引受城ヲ枕ニ仕候程、末代迄誉ニ候得者、早々御請被成候様に勇申、

三好・池田・森が撃破された長久手の戦いのあと戦局は膠着状態に入り、まず秀吉が犬山城に人数を入れて自分自身は美濃大垣に引き上げました。それを見た家康も小牧に人をおいて自分も引き上げることとし、小牧に誰を置いていくかが重要な課題になりました。本多忠勝と榊原康政のいずれしかいないだろうと考え、まず忠勝に残るよう言いました。忠勝が家来たちに相談したところ、「要害が浅く、守りやすい土地とはいえないし、水や食料も豊富だとはいえない、そういう土地に秀吉を引き受けて籠城せよなどというのは無体なことだ」と断ったといいます。それで今度は康政に頼んでみると、康政も同じように家来に聞いてみたところ皆が口を揃えて「どこで死ぬのも同じことだ、ことに秀吉ほどの大敵を引き受けて城を枕に討ち死にできるのであれば、これほど末代までの誉れになることはない、ぜひ引き受けなさい」と言い

朱塗松鷹図蒔絵盃（「榊原家史料」榊原家所蔵・旧高田藩和親会管理）

ました。忠勝は非常に戦上手ではありましたが、小さい城を守るというような、受け身の戦についてはあまり得意でなかったのかもしれません。それに対して康政は、どんな苦しい状況においてもそれをしのいでいくような力があったのかと思わせる記事です。

この小牧・長久手の陣は結局、戦局的には家康が勝利しましたが、政局的には秀吉が勝利することになり、家康は秀吉の家来として臣従することになりました。

榊原家の史料として伝わっているもののなかに一つの盃があります。まるで最近つくられたかのように非常にきれいな、一つの欠けもひびも曇りもない盃です。箱書きには「大坂城ニ於テ御休息之間御酒御頂戴之節の御盃壱、松ニ鷹ノ蒔絵」と書いてあり、この盃はいつかはわからないけれども大坂城で榊原家がもらったものだということ、非常に大事にされてきたことがわかります。これを裏付ける史料がないかと思っていたところ、「綏定録」に次のような記事がありました。

【「綏定録」より「康政」の項（抜粋）】

秀吉公より御望にて婚姻之使ニ者小平太を指越るへし、（中略）御当家之長酒井左衛門・本多平八郎・榊原小平太、奥方御座候而件の如シ、酒井・榊原・本多へハ御前様より御盃ヲ被下、下略ス

小牧・長久手の戦いのあと、秀吉の妹朝日姫が天正十四年（一五八六）四月に家康のところに輿入れをすることになりましたが、その直前の三月に家康の名代として酒井忠次・榊原康政・本多忠勝らが上洛して秀吉に挨拶に行くことになり、このときも康政は非常に重要な役割を果たしました。挨拶に行って接待を受けたところ、康政、忠勝、酒井左衛門（忠次）が「御前様」から盃をもらったと書いてあります。この盃こそ、この朱塗の蒔絵盃なのではないでしょうか。

さて、天正十八年（一五九〇）には小田原攻めが行われ、康政は本多忠勝、井伊直政とともに先鋒として活躍して、秀吉から感状を出されました。

【豊臣秀吉感状（「榊原家史料」榊原家所蔵・㈶旧高田藩和親会管理）】

夜前敵城中へ
入候処、執合数多
討捕之由、誠心懸
神妙被思食候、（中略）
卯月六日　（秀吉朱印）

その前日榊原康政が小田原城へ攻め込んで首を多数打ちとったことに対して、康政は家康の家来ですから家康からお褒めの言葉があってしかるべきですが、このときは秀吉から直接お褒めの言葉があったわけです。

小田原城が落城して北条氏が滅びると城の引き取りに行ったのがやはり、康政、忠勝、井伊直政の徳川三傑でした。榊原家の系譜によると、小田原城の中には三つの蔵があり、三人でくじ取りをしたところ榊原康政が宝蔵を当てた、とあります。その際に戦利品の一つとして持ってきたのが写真の銅鑼《どら》（次頁）です。直径が五十センチほどある大きなもので、古い紙が付属していて、そこに「御分捕小田原ニ而北条氏直天守二重目有之由」とあります。小田原城が落ちたときに分捕った銅鑼で、小田原城の天守閣二重目に備え付けてあったものだとわかります。

小田原城落城後、家康は秀吉に命じられて関東へ行き江戸城へ入りました。その後関東の知

小田原分捕りの銅鑼（「榊原家史料」榊原家所蔵・旧高田藩和親会）

行割は、康政が奉行を勤めたといいます。康政自身は秀吉の意向を受けて館林十万石を拝領し、初めて城持ちの大名となりました。このころ以降の徳川家の四天王は、徳川の家臣であると同時に豊臣の家臣である両属大名（両方に属する大名）だったと考えられています。

◆関ヶ原の戦い

そのあと起こった関ヶ原の戦い（慶長五＝一六〇〇年）では康政は徳川秀忠付きとなりました。秀忠が上田城の真田昌幸に足止めされて関ヶ原の戦に遅参することは有名です。そのことに家康は非常に怒ります。秀忠の顔も見ないという状況が続くなかで、康政があいだをとりなして、ようやく秀忠は家康と面会を果たし、許されました。そのとき、秀忠が次のように書き付けた文書を康政にくれたと榊原家の系譜には書かれています。「徳川家があるかぎりこのたびお前が心を尽くしてくれたことを決して忘れず、悪くしない」。秀忠が康政に非常に感謝し信頼していたことを示すエピソードの一つです。

また、家康が康政に感謝したというエピソードも残っています。慶長六年（一六〇一）、関ヶ原のあと徳川家の武将たちに加増が行われ、康政に上州水戸二十五万石の加増の内示を出したところ、これを康政は断りました。「西国にはまだ豊臣も残っているし、豊臣恩顧の大名もたくさんいて、安心できない状態にある。榊原家は徳川家の先鋒として働かなければならないのに水戸へ行くと先鋒として間に合わなくなるから、このたびは水戸二十五万石をいただくことはやめてこのまま館林に置いてください」と言ったというのです。それを聞いた家康はいたく感激して「お前は本当にしっかりしたやつだ。徳川家があらんかぎり榊原家があらんかぎり、反逆はともかくとしてそのほかのことでは少々の不調法があってもお前の家を見捨てることはない」と言ったというのです。先ほどの秀忠の話とよく似ているので、もしかしたら一つの話がどこかで二つになってしまったのかもしれません。

◆康政の遺言と形見分け

関ヶ原以降、康政は本多・井伊とともに初代の老中になりましたが、自分の居城のある館林に籠もって館林を一生懸命治め、政治の表舞台からは遠ざかっていきました。このことを評してのちに新井白石が「本多正信が威張っていたものだから、康政はこれに張り合うのは差し出がましい、そんなことは必要ないと考えて、だんだんと政治の表舞台から遠ざかっていったのであろう」と非常に感心しました。別の伝承によると「老臣争うは亡国の兆しなり」という言葉をまさに体をもってあらわしたのだといわれています。

慶長十年（一六〇五）、康政は病を得て、二代将軍秀忠から「養生無油断様ニ専一候」などと書かれた見舞い状をもらいました。

慶長十一年五月十四日、榊原康政は、一通の遺言書と形見分けの覚えを残して死去しました。康政の墓が群馬県館林の善導寺に、その妻や二代目康勝らの墓とともに残っています（県史跡）。東日本大震災で、康政の墓以外は転倒してしまいましたが、これから修復されるということです。

康政が残した遺言書がありますが、少し荒々しい戦国の香りのする字です。五月九日の日付ですから、亡くなる五日前に書いたものです。

【榊原康政遺言書（「榊原家史料」榊原家所蔵・㈶旧高田藩和親会管理）】

おほへ

一、我等相果候以後遠江事、何様ニも

御父子様御諚次第之事

一、家中之年寄共拙者時ニ相不替、縦進退不成候共堪忍致、兵事かましき事有間敷候事

一、家中老若共ニ何事も遠江守下知違背有間敷候、若無沙汰之者あらハ年寄共令相談、（中略）

一、遠江ためと存寄候事これあらハ異見可申候、若私ニ而無承引候ハヽ、右之両人指引を可請候事

一、公儀御軍役之儀者不及申、何事たりといふ共如在存間敷候、

私が死んだあとは遠江（息子康勝）は、ご父子様（家康と秀忠）の言うとおりにしなければならない、と始まります。これまで見てきたように榊原家は康政が自分一代で築いてきた家ですから、自分の死後、榊原家がどうなっても家康と秀忠が思うようにしてもらうより仕方ないと言っているわけです。

榊原家の家老たちには、自分のときと変わらずに康勝を補佐してほしい、抜き差しならない事態になったとしても耐え忍んで兵を動かすようなことがあってはならない。すでに天下が統

一された今、いくら大変なことがあったとしても私に兵を動かすようなことがあってはならないと戒めているわけです。

家中の家来たちには、どんなことがあっても康勝の命令に従わなければならない、無沙汰（命令に背く、なおざりにする）の者があったならば相談して申し付けなければならない、年寄たちが判断に困るようなことがあれば幕府の老中に相談しなさい。

康勝のためになると思うようなことがあったら意見を言っていい、それを康勝が聞き入れないようなら、幕府の老中に相談しなさい。

公儀の軍役は命令があれば務めなければならないし、どんなことがあってもなおざりにするようなことがあってはならない、榊原家の家老たちが相談して、あとのことはよろしく頼む。

最後に康政の署名と印鑑が押されていて、この印鑑は今でも残っています。

また、康政の形見分けを指示した五月十一日付の文書も残っています。秀忠には以下の三つ、「ミツあん」という僧侶の墨跡、「藤山ふきのひやうふ」は、藤の花と山吹の花が描かれた屏風、「鶴ノ一声」とは、現在も尾張の徳川家に残る、首の長い銅製の花瓶です。家康には「毛利の壺」を、以下、池田輝政など仲のよかった徳川譜代の名前が並びます。それから、康勝の妻の父親である加藤清正には「たへまの小わきさし」をと言っています。加藤清正は康政を敬い、朝鮮出兵のときには康政から馬印を借りて朝鮮へ行きましたし、帰国の際には土産として朝鮮のいろいろな文物を康政に贈りました。

興味深いことに、この五月十一日付の形見分けの覚書には、ある重要な人物が出てきません。本多正信です。実はこの覚書と同じ包みの中に、署名がないものの、字が同じなので康政が書いたことにまず間違いのない、別の形見分けの覚えが入っていて、それには、本多正信には本多忠勝からもらった「かけみつの刀」を、正信の息子の正純には「うきハしのわきさし」と書かれているのです。五月十一日付の覚書を書いたときに正信の名前を書きそこねたのか、意図的に書かなかったのか、本当の事情はわかりませんが、とにかく康政は、わざわざ形見分けの覚書を書き足したようです。康政死後の六～七月には、家来たちが、実際に伏見の屋敷と江戸の屋敷でこういうものを形見分けしましたという文書をつくっていて、そのなかには本多正信も正純もきちんと組み込まれています。このあたり、康政と正信・正純との微妙な関係が見えてくるようで、興味深いところです。

◈その後の榊原家と姫路

康政の死後の榊原家は、三代目の忠次が館林から白河へ、さらに白河から姫路へ移って、十五万石に加増されました。四代政房が亡くなったときに、子供の五代政倫はまだ五歳だったことから、姫路は無理だと判断されて越後村上へ転封することになります。六代政邦の時代になって、ようやく姫路へ返り咲くことになります。姫路に戻って、政邦から七代政祐、政祐から八代政岑へと榊原家は継がれていきますが、この政岑のときに越後高田（上越市）へ移ることになりました。榊原家もこんなに移封させられて大変だったでしょうが、それでもいずれも大事なところへ行かされたというのは幕府の信頼を得ていたということでしょう。家康や秀忠が「徳川家があらんかぎりは榊原家を悪いようにはしない」と言ったのが政岑の不祥事のときに効いたのかどうかわかりませんが、高田で幕末まで藩主をつづけていくことになるのです。

さて、少し話しを戻しましょう。四代榊原政房（一六四一〜六七）は二十七歳の若さで亡くなっています。姫路の藩主であった時期はわずか二年間しかありませんでした。幼いわが子を遺して逝くわけですが、こういう遺言書を残しました。一部をつぎに紹介しましょう。

【榊原政房遺言書（二通のうち一）】（「榊原家史料」榊原家所蔵・㈶旧高田藩和親会管理）

覚

一、熊之助、少年之内ニ我等相果候ハヽ、姫路ハ可被召上候間、可有其心得万事家中之仕置大切ニ候、

最初の一条目だけですけれど、この熊之助というのが、政房死去時に五歳だった跡継ぎの子

供のことです。五歳の殿様では姫路はむりだから、自分が死んだあとは姫路の城は取り上げられてしまうだろう、だからそのあとお前たちはしっかり一致団結して榊原家を守りなさい、と言うのです。姫路という場所を考えるのに非常に大事な、示唆に富んだ遺言だと思うのです。

そして越後村上から姫路に返り咲いた六代目政邦の遺言もまた、興味深いものです。

【榊原政邦遺言書（二通のうち一）】（「榊原家史料」榊原家所蔵・㈶旧高田藩和親会管理）

覚

一、我等死去候ハ、、家督相続被仰出候迄者毎穏便いたし、当城之儀候間万端念入可申付事

一、我等遺骸者増位山可葬浄晃院殿之廟所ヨリハ随分軽いたし、碑ノ名抔者無用ニ候、塀之内ニ者松柏可植候、夫共ニ沢山ハ悪敷候、三本計可植候事

（中略）

本来は長文の遺言なのですが、こちらも一部だけのご紹介です。

自分が死んだら、幕府が榊原家の家督相続を仰せ付けられるまではおとなしくしていなさい。この姫路城のことであるからこそ、万端念を入れて気をつけなさい。（中略）自分の亡骸は増

位山に葬ってほしい。浄晃院（三代忠次）の墓よりは小さくして、墓に名前などは彫りつけてほしくない。塀のうちには松と柏を植えてほしい。それもたくさんはよくない、三本ばかりでいい、と言っています。やはり、「姫路だからこそ」というところに、姫路がほかの城とは違うのだという意識が見られるように思います。

政邦の意志とは異なり、増位山随願寺には立派な政邦の墓がありますし、中に木は植わっていなかったような気がしますが、いかがでしょうか。

政邦の息子の政祐にも、遺言書が残っています。政祐は、在任期間数年で二十代で亡くなってしまうのですが、その遺言書には「所柄之儀」、つまり「ここは姫路なのだから」とくに注意しなさい、とあり、政祐も政邦と同様のことを言い残して亡くなりました。代々の藩主の意識のなかに、「姫路は特別な城」という考えがあったと言えるでしょう。

◈おわりに

この遺言書は政祐が家老に宛てた遺言書ですが、もう一通、政祐が末期養子となった政岑へ宛てた遺言状もありました。そこには、政岑に対して「幕府や将軍への奉公を大切にしなさい。親戚とは仲良くしなさい。家来をかわいがってやるのが大事です。最も大事なのは自分の慎みです」と書き残しています。このように養父に心配されていた政岑ですが、この九年後の寛保元年（一七四一）、幕府から不行跡を理由に蟄居謹慎を命じられる事件を起こすことになるのです。

さて今日は、榊原家の初代康政のことと、遺言書を通じて、榊原家が姫路を特別な土地だと考えていたことをお話しいたしました。

上越市には榊原家の姫路時代の史料がたくさん残っていますし、城も姫路城ほどではありませんが広大な城で、春になると桜がたくさん咲く名所でもありますから、ぜひ榊原家の旧跡を訪ねて、上越にお出でいただければ有難く思います。

大老の家系——酒井氏の出自

藤井讓治

◆酒井家の播磨姫路転封について

酒井家姫路藩初代藩主となる酒井忠恭《ただずみ》が姫路に転封されたのは、この時期の政治史のなかで興味深い出来事だと思います。「鉢植え大名」という言葉があるように、一般に大名は将軍の意のままにいろいろなところに転封させられる、大名というのは領地を移るものだといわれます。確かにそういう側面がなかったわけではなく、外様大名だと十七世紀半ばぐらいになるとほとんど動かなくなりますが、譜代大名はそうではなく、かなりの移動が見られます。

たとえば一門に準ずる越前松平氏のなかには十数回も転封した家がありますが、その最大の原因は、江戸周辺の比較的大きな城郭には、老中等幕府要職に就いた大名が他から移ってくる、いいかえれば老中等をやめた大名はそこから外へ移るという構図になっているからです。たとえば酒井家も居たことのある川越や岩槻、壬生といった武蔵から上野にかけての関東周辺にある五万石前後の所領を周辺に持つような城々です。それが結果的には、この地域の譜代大名の転封をいやおうなく生じさせるわけですが、酒井家の転封はその連動で起こったかというとそうではありません。

酒井家が姫路に転封する以前は、上野国前橋（厩橋）にその居を構えていました。前橋には、十七世紀初めに所領をもらって以来、姫路に来るまで、百年を越える年月を厩橋城主であったわけですから、譜代の重鎮として関東の非常に重要な城にいる、そして家としても当然それを誇りにしている、と普通であれば思うのですが、実はそこのところが少し違っていました。十八世紀に入ったころから酒井家は、前橋から出たい、ほかへ移りたいと、盛んに幕府に働きかけるようになります。

まず宝永七年（一七一〇）、十三代の親愛《ちかよし》が老中に対して転封を願い出ました。どこへ行きたいとかはさすがに言えず、親愛が老中に提出した願い出の控えには、自分がいま領している前橋を中心とした所領が自分にとってあまりいい状況でないということを理由に挙げています。

その理由の一番目には、所領が分散していて支配が行き届かないことをあげています。確かに前橋が所領の中心にあるのですが、実際の所領の構成を見てみると、必ずしも城を中心として一つの地域にまとまってはいません。そのうえ旗本などとの相給が多く、村の支配が大変しにくいことを挙げています。相給というのは、たとえば五百石の村があったら、そのうちの三百石は領主が酒井氏で、あとの二百石は、一人の領主の場合もありますし三人も四人もいる場合がありますが、そういった複数の領主のいる村を相給の村といいます。

それからもう一つ、これがわりと大きな理由ですが、城内の二カ所が洪水で崩れて元々の城内が狭隘化してきたことです。すぐそばをかなり大きな川が流れていましたが、その川による洪水で城内が崩れ現状を維持することが大変難しくなってきていました。

最後の理由はなかなかおもしろいというか、こんなことを領主が言っていいのかと思いますが、領内の百姓が長年の支配に慣れて領主をあなどるような事態が出てきていて支配がしにくい、つまり、年貢が取りにくくなったから替わりたいというわけです。

この最初の転封願いは宝永七年（一七一〇）のことですが、願いを出したからといってすぐ将軍や幕府が転封を認めるという話にはなりませ。その後も、親愛の代だけでも何度か願いが出されていますし、そのあとの親本の代にも転封の請願がなされましたが、実現しないまま寛延の姫路転封を迎えます。

一方、転封先となった姫路の状況ですが、寛延元年（一七四六）、酒井氏が転封してくる前年に播磨を大暴風雨が襲いました。この暴風雨によって姫路藩領も姫路城もかなり大きな被害を受けました。こうした災害が襲ったならば、普通であれば領主の努力、あるいは領民の努力によって復興していくわけですが、まだ復興が十分に進まないなか、この年の十一月十七日、姫路藩主松平明矩が亡くなりました。明矩自身は壮年まで生きましたが、そのあとを継ぐことになった喜八郎はわずか十一歳でした。この喜八郎に将軍は封を継ぐことを一応認めましたが、認めると同時に、翌年どこかに所替えするからそのつもりでいなさいと申し渡しました。一般に転封は突然申し渡されるのが普通のありようですから、今回の転封はわりと珍しい事例です。とはいえ、来年とはいいつつも二カ月後には転封させられてしまっています。

翌年になされた所替えの理由は、松平氏が大した家ではなかったということではなく、家康との関係からいっても重要な家であり、松平家が姫路に移るときの理由にも出てきますが、姫路は西国を押さえるための要衝でしたから、十一歳の子供にはその役は務まらないというのが最大の理由でした。もちろん江戸幕府の西国支配の拠点は大坂城ですが、大坂城は外に向けて軍勢を動かす城ではありません。大坂城は、大坂を守る、畿内を守る城であって、そこを拠点に攻めていく城ではなかったのです。それに対して姫路は、何か事が起こったときに西国に対して軍事的な行動を起こすことを求められた城あるいは大名であるという位置づけがなされていて、大変重要視されていました。もちろん姫路だけが西国に対する軍事的役割を担った城だったかというと決してそうではなく、外様の城ですが岡山城もそうでしたし、讃岐の松山城もそうでしたが、なかでも姫路城は、そうした軍事的要請に最もこたえなければならない城でした。だから十一歳の子供には務まらないという理由で転封された訳です。では誰を入れるのかというときに、転封の希望を延々と申し入れていた譜代の名門である酒井氏が選ばれ移ってくることになったのです。

◆酒井家歴代

「表1　雅楽家酒井氏歴代」は『寛政重修諸家譜』によって作成したものです。

松平定信の寛政の改革の時代、十八世紀の最末期に、幕府は全ての大名あるいは旗本に命じ

表1　雅楽家酒井氏歴代　　『寛政重修諸家譜』より作成

代	名（よみ）	生没年	年	備考
1	広親（ひろちか）	――　～明徳3年（1392）	―	親氏の男
2	家忠（いえただ）	――　～永享10年（1438）	―	
3	信親（のぶちか）	――　～文明9年（1477）	―	
4	家次（いえつぐ）	――　～永正16年（1519）	―	
5	清秀（きよひで）	――　～天文20年（1551）	―	
6	正親（まさちか）	大永1年（1521）～天正4年（1576）	56	家老職
7	重忠（しげただ）	天文18年（1549）～元和3年（1617）	69	江戸留守居
8	忠世（ただよ）	元亀3年（1572）～寛永13年（1636）	65	老中・大老
9	忠行（ただゆき）	慶長4年（1599）～寛永13年（1636）	38	奏者
10	忠清（ただきよ）	寛永1年（1624）～天和1年（1681）	58	老中・大老
11	忠挙（ただたか）	慶安1年（1648）～享保5年（1718）	73	大留守居
12	忠相（ただみ）	寛文7年（1667）～宝永5年（1708）	42	
13	親愛（ちかよし）	元禄7年（1694）～享保18年（1733）	40	
14	親本（ちかもと）	宝永2年（1705）～享保16年（1731）	27	酒井忠菊長男
15	忠恭（ただずみ）	宝永7年（1710）～安永1年（1772）	63	酒井忠菊四男、老中

てそれぞれの家の家系を提出させました。酒井家の文庫のなかに酒井家の分が残っているわけですが、『寛政重修諸家譜』は提出させたものをそのまま幕府が集成したものではなく、幕府の儒学を担当する大学頭であった林述斎を編纂の総まとめ役として、大名等から提出されたものを基にし、それぞれの家の歴史についていろいろ点検したうえでまとめるという作業をいたしました。だから酒井家が提出したものと『寛政重修諸家譜』の記載とでは、若干の違いがあります。

酒井家のように古くから徳川将軍家の家臣である家については、もう一つ、江戸幕府がつくった『寛永諸家系図伝』という系図があります。三代将軍家光が寛永十八年（一六四一）に編纂を命じたもので、同じように大名および旗本を対象とし、それぞれの家から家系を提出させて編纂したものです。漢字とひらがなの混じった和漢混淆の形式のものと、真名本という漢文で書かれたものの二種類がつくられて、一つは日光東照宮に納められました。それにももちろん、酒井家のその時期までの歴代が書かれていますが、酒井家の場合は『寛政重修諸家譜』に載せられたものとそれほど大きく違いはありません。

『寛政重修諸家譜』は千五百三十巻からなり、活字本でも二十二冊になるという大部なものです。全部で千百十四氏、二千百三十二家という大変な数が書き上げられています。ただし徳川将軍家そのもの、それから、御三家、あるいは連枝といわれる田安家や一橋家というような一門の家は除かれています。それ以外は、外様・譜代に限らず、当時江戸幕府に仕えていた家はすべて、それ以外にも徳川家に二代以上仕えた家で今や断絶している家も拾われています。

内容については、母が誰か、生まれた年はいつか、養子であるかないか、初めて将軍にお目見えした日はいつか、元服の時期、号を贈られたこと、婚姻関係、従五位下・○○守など官位叙爵に関するもの、江戸城中での殿席（どこの間に詰めるのか）、いつ所領を襲封したか、どれだけの領地をもらったか、どんな軍役をつとめたか（城受け取りや、関ヶ原の戦いへの出陣、大坂の陣への出陣等）、それから江戸城の普請あるいは二条城や大坂城の普請に動員されてどのような役をつとめたかというようなことが、大変細かく書かれています。私たちが江戸時代の武士とくに徳川幕府に仕えた人々を検討するときに便利ですし、ある程度信頼を置ける史料だといえますが、残念なことに、十七世紀初めより前の記事については、のちの伝承がそのまま取られるなどしていて、必ずしも正確なことが書かれているとはいえないところがあります。〈表1〉を見ておきます。初代の広親は生まれた年はわかりませんが、亡くなったのは室町時代の明徳三年（一三九二）です。二代目の家忠については没年がわかります。三代目の信親についても没年がわかります。四代目の家次についても五代目の清秀についてもそうです。ここまではいわゆる来歴としては書かれているのですが、一体どういうことをしてどこにいたのかもよくわからないし、五代目清秀を除いてどこに葬られているかもよくわかりません。実際にその人物の動きが確認できるのは六代目の正親からです。それゆえに事実上の初代は正親といってよいと思います。

では酒井家については六代目の正親から話を始めればよいかというと、酒井家にとっては、正親から始まったのでは困る事情があるのです。〈表1〉の初代広親の備考欄に「親氏の男」とあります。当時「男」というのは息子のことをいいます。「女」と書いた場合は「娘」という意味で、その場合は「おんな」と読んだり「むすめ」と読んだりします。

この「親氏」が問題の人物です。これは徳川家の実質的初代と目される人物であり、酒井家が譜代のなかで最も徳川家に近い家といわれる所以はここにあるわけで、考えようによって酒井氏は徳川一族といってもいいような位置にあるのです。

◆雅楽家酒井氏の初代

『寛政重修諸家譜』巻第五十九によると雅楽家酒井氏は、清和源氏義家流・松平別流に属すると書かれています（史料1）。巻第五十九以前はすべて松平一族の家譜が載っていて、その次に酒井家が始まります。譜代筆頭といわれる井伊家がその前にあるのかというとそうではありません。巻第五十九に酒井氏があることは、きわめて重要な意味合いを持っているわけで、『寛政重修諸家譜』の編纂において幕府が酒井家をどう位置づけようとしていたかがわかります。

【史料1】『寛政重修諸家譜』巻五九（雅楽家酒井氏）

清和源氏　義家流松平別流

酒井

今の呈譜に雅楽助広親は親氏君の男にして、母は酒井与右衛門某が女なり、三河国幡豆《はづ》郡酒井村に生れしより酒井を称し親氏君につかふ。これより代々相継で御麾下に奉仕すといふ。

広親

徳太郎　与四郎　雅楽頭（今の呈譜雅楽助）

三河邦酒井郷に住す。明徳三年八月十二日死す。法名善甫。広親より家次まで四代、その葬地を詳にせず。後岡崎の是字寺《ぜぜじ》に改葬す。

家忠

「今の呈譜に……」と、酒井家の来歴の初発がこうだと書いてあります。でも書きようはなかなか慎重で、幕府がそう認定したとは必ずしも言っていないところは注意していいと思います。「今の呈譜に」というのは、寛政十年（一七九八）に幕府が大名や旗本に家譜を出せと命じ、それにこたえて提出された家譜のことで、それによれば雅楽助広親は親氏君の男であって、母は酒井与右衛門という人物の娘である。親氏は君と書いてあるように松平親氏で、家康から八代前の松平家の当主です。三河国幡豆郡酒井村に生まれてより酒井を称し、親氏に仕えた。それから代々相次いで松平家に仕えてきた。それに続く系図は、広親が初代として立っていて、もと徳太郎といい、また幼名を与四郎ともいい、そして雅楽頭とも称した。ただし今回記述された家譜では雅楽助である、とそこには記されています。

「頭」と「助」についてですが、律令制のそれぞれの組織には四つの職階、長官（かみ）、次官（すけ）、判官（じょう）、主典（さかん）があり、頭は中央官庁のそれぞれの寮の長官、助は次官です。たとえば雅楽頭とは雅楽を担当する雅楽寮の長官、雅楽助はその次官ということになります。もちろんこの時代に、広親が朝廷の雅楽寮の長官であったわけでも次官であったわけでもありません。鎌倉時代後半からは、こうした頭や助といった呼称は実態とは異なり、主人との関係で与えられるようになるわけです。

『寛政重修諸家譜』の解説は続いて、広親は三河の酒井郷に住んでいて明徳三年（一三九二）に死んだ。法名は善甫である、と見えます。広親からあと家次までの四代については履歴はほとんどよく分かりません。

では、雅楽助広親の父親とされる松平親氏とは、どういう人なのか。

徳川氏に深入りして議論するとなかなか大変ですので、そこにはあまり踏み込まないで酒井氏との関係で親氏を見ていこうと思います。『徳川幕府家譜』（史料2、二三六頁）は幕府がつくったもので、徳川氏にとっては正式のものとされています。徳川氏は源氏を名乗っていますが、その前に藤原姓であったときもあって、本来何であったかよくわからないというのが事実ですが、幕府としての主張は、清和天皇から始まる清和源氏で新田の末流であるということです。その徳川氏の事実上の祖とされ、人物として確認できるのがこの親氏で、松平家はこの親氏をもって初代とするというのがごく普通の理解です。

『徳川幕府家譜』によれば、親氏は、徳川二郎三郎ともいったし徳阿弥ともいった、そしてまた松平太郎左衛門とも称したとされます。三河国の坂井郷に年月を送っていたところ同所の庄官五郎左衛門が還俗を勧めたので還俗し、その婿養子となり一跡を継いだとされています。妻女は嘉吉元年（一四四一）二月八日に男子を生んだ。その子の名前は坂井小五郎親清という。のちに改めて坂井から酒井に改称した。妻女は程なく病死して親氏が独り身であったところ松平太郎左衛門信重という庄官が親氏の器を見て一女を嫁せしめて家督を譲りたいと望んだ。親氏はこれに応じて坂井郷は子息の小五郎に譲ってその身は松平郷に至る、と記されています。

三河国の坂井郷と松平郷の位置関係は、坂井郷が三河国の海岸部の幡豆郡にあるのに対し、松平郷は三河国の山間部の加茂郡に属し、両郷はかなり離れたところにあります。『徳川幕府

系図1　徳川氏系図

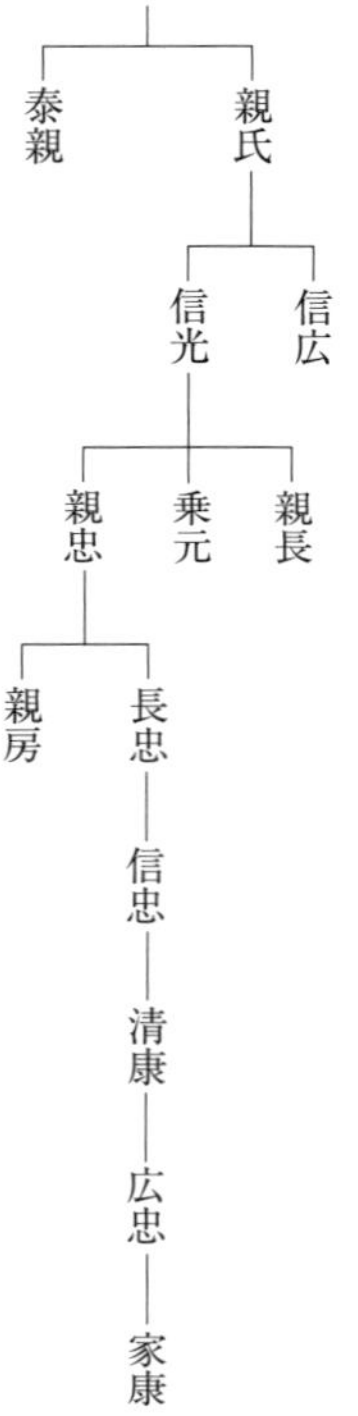

家譜』の記述からだとそう遠くないとも思うのですが、実は結構遠いのです。相当の距離がある場所であり、この記述ほど単純な話ではないことがおわかりいただけると思います。

親氏は「坂井郷二年月ヲ送ル」とありますから坂井郷にずっといたかと思われるかもしれませんが、親氏の「徳阿弥」という名前に注目すると、この徳阿弥という名前からは親氏は時宗のお坊さんであったと推定されます。現在の研究では、徳川氏はどうも元々時宗の僧侶であったらしく、親氏は父親とともに時宗の僧として諸国を遍歴するうちに坂井郷にまず居着いて、そこで庄官五郎左衛門のところで子をもうけ、次いで松平郷に移り、そこでまた子をもうけたと考えられています。

さらに、親氏の子供の名前にも注意しておきたい。『徳川幕府家譜』には「坂井小五郎親清ト号」とあるのですが、酒井家の系譜では広親になっています。それから母は『徳川幕府家譜』では「庄官五郎左衛門」の娘ですが、酒井家の系譜では「酒井与右衛門某が女」となっていて、これも異なっています。そして「小五郎」は次に話します別系統の家、左衛門尉家酒井氏歴代当主の幼名に頻繁に使われる名前であって、この雅楽家酒井氏は与四郎が通り名でした。こういうところは、『寛政重修諸家譜』の記述と『徳川幕府家譜』の記述とはあまりうまく符合しません。どう考えればいいのか。

【史料2】『徳川幕府家譜』

∴清和天皇――――（中略）――――

親氏

徳川二郎三郎　徳阿弥　松平太郎左衛門

参州坂井郷ニ年月ヲ送ル処、同所ノ庄官五郎左衛門還俗ヲ勧メ、聟養子トシテ一跡ヲ渡ス、妻女ハ嘉吉元壬（辛）酉年二月八日男子ヲ生ム、坂井小五郎親清ト号（後改坂井ヲ為酒井）、妻女ハ無程病死シテ親氏寡居スル処、松平太郎左衛門信重ト云庄官親氏ノ器ヲ見テ一女ヲ嫁セシメ、家督ヲ譲度望ム、親氏是ニ諾シテ、坂井郷ハ子息小五郎ニ譲リ、其身は松平郷ニ至ル（後略）

泰親

酒井家にはもう一つ、出羽庄内の酒井氏があります。別流で、江戸時代のかなり早い段階に庄内（鶴岡）に居を構えてそこで幕末まで過ごした家です。雅楽家酒井氏が行政に優れている家であったのに対して、庄内の左衛門尉家酒井氏は、忠次が徳川四天王の一人に数えられたように、武門に優れた家筋です。

『寛政重修諸家譜』では雅楽家酒井氏の一族の記述がすべて終わった次に、左衛門尉家酒井氏の家譜が始まります（史料3）。「寛永系図」というのは、家光が編纂を命じた『寛永諸家系図伝』のことで、そこには、徳川松平の初代親氏君が三河国に来て住んだときに二人の子をもうけた、その一人は「泰親君」である、もう一人は酒井氏であると。

【史料3】『寛政重修諸家譜』巻六五（左衛門尉家酒井氏）

寛永系図に家伝を引て、親氏君三河国に来り住して二子をうめり。其一は泰親君なり。其一は酒井を称して世々家老となり、子孫繁昌して家の洪業をひらくといふ。今の呈譜に、親氏君の二男小五郎広親はじめ徳太郎はじめて酒井を称し家臣となる。広親二子あり。長男小五郎氏忠、二男政親これを酒井雅楽頭忠道が祖とす。氏忠が男左衛門尉忠勝はじめ小五郎文明二年十月十一日死す。法名賢勝。その男左衛門尉康忠はじめ小五郎文亀二年正月十二日死す。法名善嘉。その男左衛門尉忠親とす。按ずるに、寛永系図は左衛門某今の呈譜忠親にあたるより系をおこし、其以前の系統を記さず。同書雅楽頭家は広親より連綿の系を出すといへども、その男を与四郎家忠とし、両家のわかるゝところをのせず。且今の呈譜、雅楽家祖を政親に作りてその名異なり。こゝをもって疑なきことあたはず。ゆへに寛永系図にしたがひ、左衛門尉今の呈譜忠親より系をおこす。しかれどもそのいふところもまた捨がたきものあり。おそらくは寛永のとき、呈譜粗にして、古昔の系統をのせざるもしるべからず。今また闕てしるさゞるときは、ながく旧記の湮滅せんことを惜み、しばらき其略をしるすのみ。

はじめは先ほどの雅楽家酒井氏と変わりませんが、その先は矛盾を含んでいます。『徳川幕府家譜』では、親氏はまず坂井郷にいて小五郎をもうけ、そのあと松平郷に行ったことになります。左衛門尉家酒井氏の系譜によると、長男が泰親で次男が小五郎ということになりますから話は逆になり、坂井郷にはあとにいたことになりかねません。

『寛政重修諸家譜』の左衛門尉家酒井氏の系譜は、広親には二人の子があり、長男は小五郎氏忠といい、次男の政親が酒井雅楽頭忠道の祖であるとする。この雅楽頭忠道は、『寛政重修諸

系図2　左衛門尉家酒井氏系図

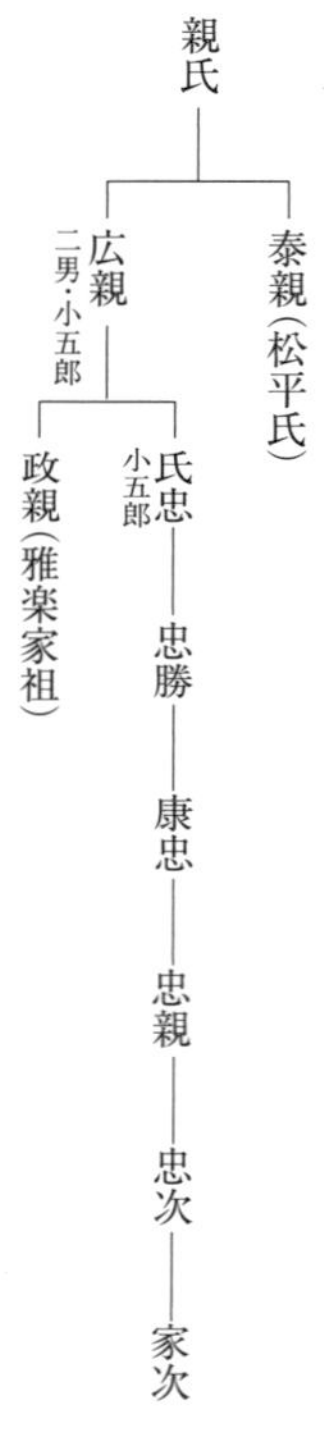

家譜』を提出したときの雅楽家酒井氏の当主です。つまり左衛門尉家酒井氏は、自分の家が嫡男氏忠の子孫で、次男の政親が雅楽系で、そこで二つの家に分かれたと言っているわけです。しかし、次男政親は、雅楽家酒井氏の系譜の初代の広親とも名が違い、どのように理解するかなかなか厄介です。

氏忠の息子左衛門尉忠勝ははじめ小五郎といって文明二年（一四七〇）十月十一日に死んでいます。法名は賢勝という。その息子の左衛門尉康忠は、はじめ小五郎を称したという。先ほどの『徳川幕府家譜』に載っていた小五郎が、ここに幼名として出てくるわけです。この康忠は文亀二年（一五〇二）正月十二日に死んでいます。法名は善嘉です。その男を左衛門尉忠親としています。

「按ずるに」以下は、林述斎がそれを検討した結果を述べています。「寛永系図」は左衛門某より系をおこしてそれ以前の系譜を記していない。同書の雅楽の家は広親より連綿の系を出しているけれどもその息子を与四郎家忠として両家が分かれたとは書いていない。かつ今の呈譜では雅楽家の祖を政親に作ってその名は異なっている。ここをもって疑なきことあたわず。ゆえに寛永系図に従い、とりあえず左衛門尉忠親より系をおこすことにした。しかしそのいうところもまた捨てがたいところがあるので、おそらくは寛永のとき呈譜が粗雑なものであったために昔の系譜を載せなかったものと思われる。今また書かないままで放っておいては長く旧記が滅失してしまうことになるのでそれを慮って、その略歴についてここに記しておく、と。

つまり、幕府は系図の正否を判定していないのです。どちらが正しくてどちらが間違っているというのではなくて、それぞれの家が提出した系譜を前提にしてそれぞれの言うところを勘案しながら、『寛政重修諸家譜』をつくったことがわかっていただけると思います。

◆雅楽家酒井氏歴代の事績

六代目正親から、何を行ったかやや具体的にわかります。天文六年（一五三七）、十六世紀に入り本格的に戦国の世となるという時期、正親は家康の親松平広忠が岡崎に入城することを助けて、以後松平家の家老として重要な地位を占めるようになりました。それから五年後の天文十一年、家康が生まれたときに御胞刀の役を務めました。御胞刀はへその緒を切る刀のことで、出産に関わる役を務めたのです。

次の重忠は、天正十年（一五八二）に本能寺の変が起きたとき、家康は泉州堺におり伊賀越えをして岡崎に戻ってくるわけですが、そのときに家康の岡崎帰還を対岸の伊勢まで迎えに行ったことで、その功を賞され金の鐘の船印を給わりました。文禄元年（一五九二）の秀吉の朝鮮出兵の際、家康が肥前名護屋まで出陣したときには江戸の留守居をつとめました。慶長二年（一五九七）、千姫が誕生したときには蟇目役という、産所の魔除けとして鏑木の矢を放つ役を果たしました。慶長五年の関ヶ原の戦いの翌慶長六年、武蔵川越から上野国厩橋（前橋）三万三千石に移りました。慶長六年には、徳川氏が関ヶ原のあと得たたくさんの領地を家臣に分配して、一気に多くの譜代大名が生まれています。家康が慶長八年に将軍になり、その翌慶長九年に三代将軍となる家光が誕生しますが、このときにも蟇目の役を果たしました。同十九年・二十年の大坂の陣のときには江戸の留守居をつとめています。

次の忠世は、雅楽家酒井氏のなかで大変重要な人物だと思います。天正十八年に秀忠が秀吉に初めて目見えをしたときに腰物役（刀を持つ役）をつとめました。家光誕生の慶長九年には父重忠が蟇目の役をつとめたわけですが、忠世は篦刀の役をつとめ、親子で家光の誕生儀礼の重要な部分を担いました。慶長十二年、家康に命じられてそれまで右兵衛大夫と名乗っていたのですが雅楽頭に改めました。これが雅楽家の実際上の始まりといっていいと思います。元和六年（一六二〇）、将軍秀忠の娘和子が後水尾天皇のもとに入内するときその供として京都に出向いています。寛永七年（一六三〇）にも明正天皇の即位に際し上使として上洛しています。同十一年の将軍家光の上洛時には、この上洛は徳川将軍家にとって幕末の家茂の上洛まで途切れる最後の上洛となるのですが、このときには江戸城の留守を預りました。

次の忠行は元和九年に秀忠付の西丸奏者になりました。序列は他の老中をおいて、西丸年寄筆頭（土井利勝）の次座となりました。寛永元年には西丸での晴儀（後述）を担当するようになりました。同五年、秀忠の生母の三十三回忌の法会には大御所秀忠の名代として駿河に出向いています。

忠行の子供忠清は、下馬将軍といわれた有名な人で、酒井家で最初の大老になった人です。寛永十三年、祖父忠世、父忠行が相次いで亡くなる不幸があり、忠清はいまだ小さかったのですが、忠世の功績のおかげでそのままの襲封が許されました。そのとき家臣五人が将軍の御前に出ることが許され、これがのちのちのこの家の襲封の際の儀礼の重要な要素となりました。同十六年には徳川家の年男の役をつとめます。年男というのは年末の煤払いをやったり年頭の儀礼のときの諸役をつとめたりするものです。同十七年に千代姫が尾張に嫁したとき貝桶の役（嫁入り儀礼の役）をつとめました。同十八年に家綱が誕生したとき蟇目の役を仰せつかりました。慶安四年（一六五一）家綱の将軍宣下のお礼に使者として京へ行きました。そして同年、それまで使用してきた河内守を将軍の命によって雅楽頭に改めます。また同五年、家綱の具足初めの祝いを担当しています。

その次の忠挙は、寛文四年（一六六一）から年男の役をつとめ、元禄十一年（一六九八）に将軍綱吉の命で河内守から雅楽頭に改めました。

◆雅楽家酒井氏の徳川家での位置

こういうふうに見ていくと酒井家は、雅楽頭を将軍からの命で称するようになっています。だから将軍は常に酒井家を意識しながらあるタイミングを見て、雅楽という官職を与えることになります。しかし忠挙よりのちには、酒井家の側から将軍家に雅楽頭に改めたいと願い出を出してそれを将軍が認めるという、一段格が落ちる扱いになりますが、基本的には将軍が決めるというかたちがとられるわけです。

もう一つの特徴は、正月行事を主催する年男の役を歴代の当主たちがつとめていることです。また晴儀というのは、御三家・家門をはじめとして諸大名が将軍に謁見するときに披露の役をつとめるもので、二十人ぐらいいる奏者番の筆頭に酒井家がいて、当主がそれなりの年齢のときには就くというのが、この役のルールになります。江戸城内の殿席については雅楽家酒井氏はかなり特異な扱いを受け、襲封以前の部屋住みのあいだは溜間の横の小さな部屋にいるということで、これは雅楽家酒井家にのみ許された特権でした。殿席はのちには雁間あるいは帝鑑間で、帝鑑間は大体譜代大名が詰める間ですが、溜間は御三家や井伊家が詰める間で最も重要な間であり、最も昇進したときにはそこが酒井家の殿席になりました。このように、雅楽家酒井氏は徳川氏から大変重要視されていた存在でした。

系図3　雅楽家酒井氏諸家図

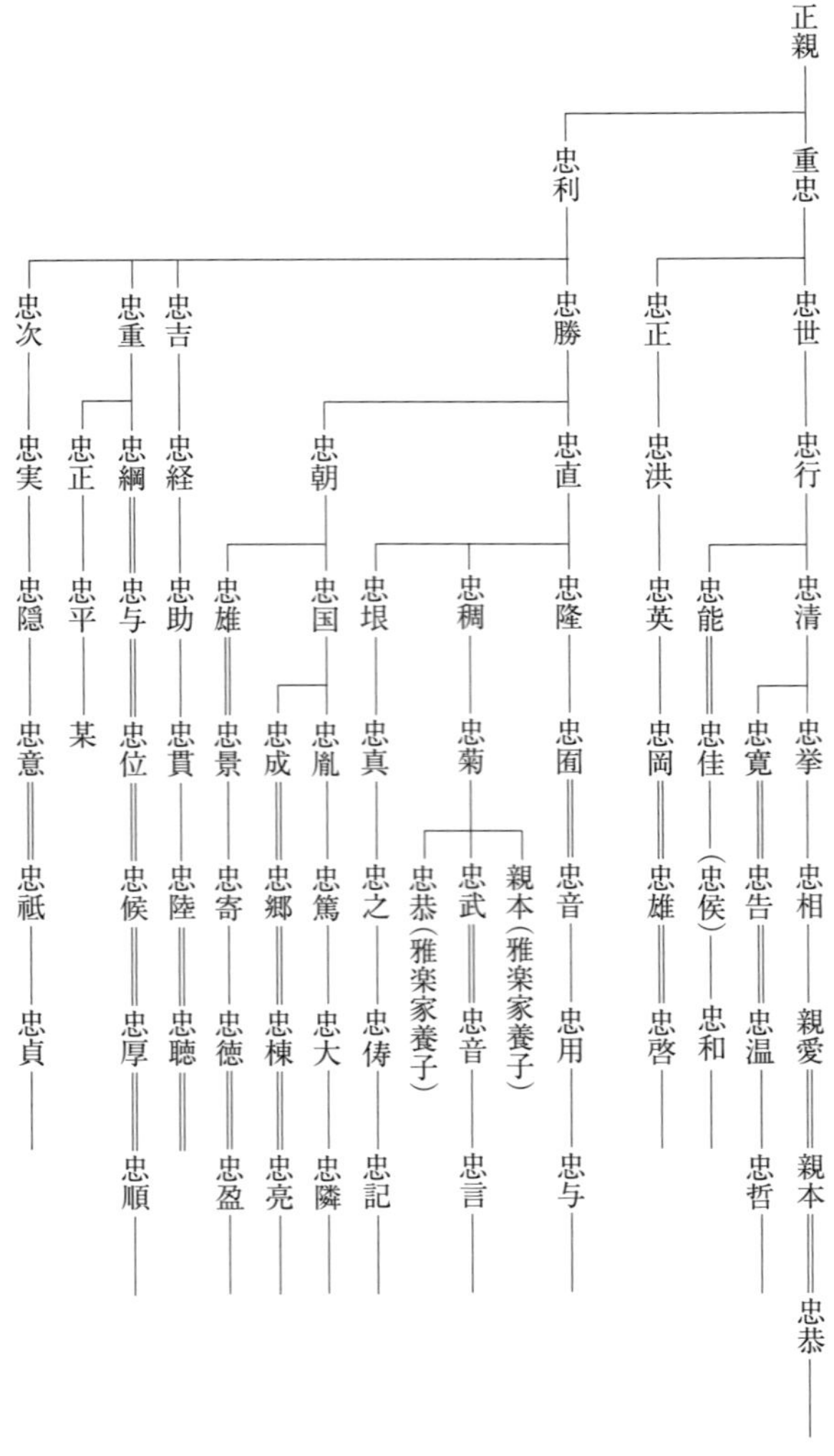

◆雅楽家酒井氏の族葉と領知高

系図3を見ていくと、正親の息子に重忠と忠利がいます。重忠の息子に忠世と忠正がいます。それがどんどん分かれていって、とくに忠利系の酒井氏は大きく分かれていきます。忠利の子供の忠勝は長く老中をつとめて最初の大老になる酒井忠勝のことで、所領は若狭国小浜十二万三千五百石です。その兄弟である忠吉、忠重、忠次の家がさらに分かれます。忠勝のところも二系統、忠直のところも三系統と、次々と分かれていきます。

「図1　雅楽家酒井氏の領知高変遷」は『前橋市史』に掲載されているものですが、慶長六年（一六〇一）には三千五百石にすぎなかった領知高はその後どんどんと上がっていって、寛永十三年（一六三六）に忠行が襲封するときには十五万石になりました。延宝八年（一六八〇）には本高は十五万石ですが、忠挙の部屋住料として二万石が与えられたことで酒井家の領知高は総計十七万石になりました。こうして雅楽家酒井家は十七世紀前半にどんどん大きくなっていきました。そして寛永の末年に十五万石という家格がほぼ確定して、そのあとは十五万石が基本となります。

だから姫路に移ってくるときもその高が継承され、姫路に入ってきます。譜代のなかで十五万石の所領を持つ大名はほとんどいません。一番大きいのは彦根の井伊氏の三十万石です。その井伊も最初のころは十五万石で、酒井忠世が十五万石になった寛永のころに三十万石に石

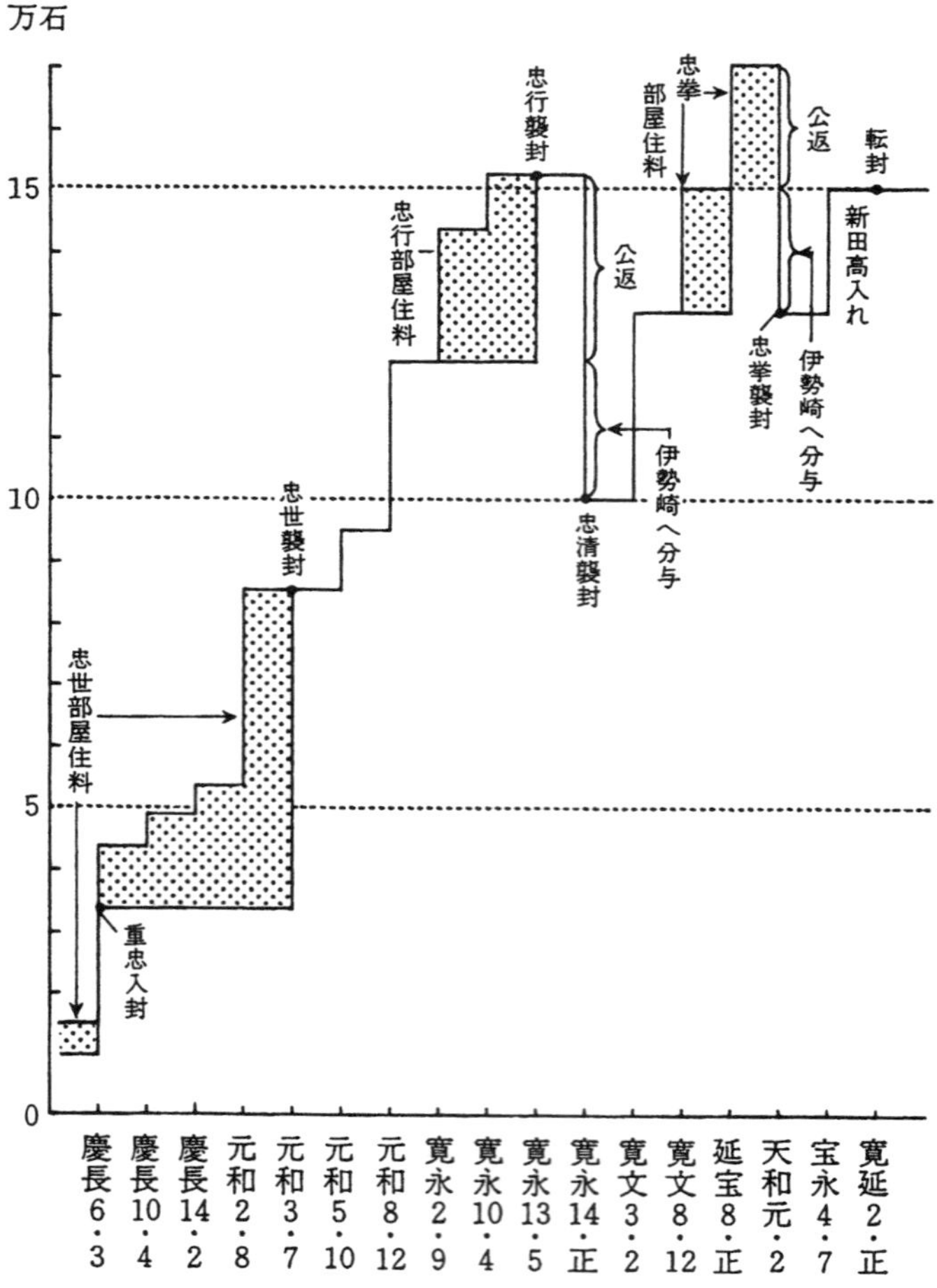

図１　雅楽家酒井氏の領知高変遷

高を上げました。寛永期だけでいえば土井利勝が十六万石でしたが、のち分知して小さくなりました。だから譜代の大名でいうと、雅楽家酒井氏は井伊氏を除けば一番上に存在した譜代の家だと思っていただいてよいかと思います。

雅楽家酒井氏の族葉が江戸幕府のなかで大名あるいは旗本としてどのように存在するのかを示そうと思い「表2　雅楽家酒井氏一族の領知高」を作成しました。「系」にはそれぞれの家筋を挙げました。「領知高」の項はそれぞれの家筋で最も領知高の多かった時期の領知高を入れました。同一時点でどうかというのは若干差し引きして考えなければなりませんが、雅楽家酒井氏は部屋住領を入れて十七万石あります。忠正が重忠から分かれ、忠正系は六千五百石の旗本です。そして正親の三男である忠利系の分かれの本流、忠勝・忠直の石高は十二万三千五百石です。そこから分かれた忠吉は七千石、忠重は五千五百石、忠次は一千石、実は忠勝のあと忠直・忠朝と分かれるときに一万石が忠朝に割かれ、さらに忠直の子供の忠隆・忠稠・忠垠と分かれるときにも忠稠には一万石、忠垠には三千

表2　雅楽家酒井氏一族の領知高

系	領　知　高
雅楽家	170,000石（部屋住領2万石）
忠正系	6,500石
忠利系	123,500石
忠吉系	7,000石
忠重系	5,500石
忠次系	1,000石
合計	313,500石

石が分知されるという格好で、忠利系は、変遷しますが、それはこの表には加えていません。酒井家一族の領知高の合計三十一万三千五百石高は、譜代筆頭の井伊家の高を越える高といえ、この一族の江戸幕府内における重さを量り知ることができます。ちなみに井伊家は分家がないわけではありませんが小さな分家が一つあるといった程度で、総高が特段に大きくなるというようなことはありません。その意味で雅楽家酒井氏は、江戸時代を考えるうえで充分に注目に値する武家の一族であると考えてよいでしょう。

最後になりますが、家のルーツを探るというのは結構厄介なことです。系譜が残っていても、それぞれの系譜を見ていくとそれではうまく説明がつかないことがたくさんあります。これはある意味では当然のことかもしれません。ルーツ探しの難しさはそういうところにもあろうかと思いますし、私のように政治史の世界で学んでいる者にとってルーツを探るよりも、それぞれの時代にそれぞれの人物がどういう歴史的位置にあり役割を果たしていたのかに主たる関心があります。とはいっても、そうした人たちが祖先をどのように位置づけて自らのアイデンティティとしているのかということについては大いに関心があります。

酒井家の江戸幕府における位置は正親以降に確立するといっていいわけですが、単なる領知高の大きさだけではなく、徳川家の内の世界での役割を務める、つまり、将軍家に男子が誕生したときに御胞刀や蟇目の役を担当するなど重要な役割を務めるという、徳川家と酒井家という家と家との関係がその後のさまざまな儀礼のなかに色濃く残っていることにも、注意していただければと思います。また酒井家一族が多くの分家をつくって、江戸幕府のなかで勢力を形成していったことも忘れてはならないでしょう。

姫路城主——その特異性

中元孝迪

姫路城の城主には、他のお城の城主に比べて特別な状況が見られるという特色があります。では、どのあたりが特殊なのでしょうか。それを探る一つの要素として、城主の人数や転封の回数などを、案外知られていない他のお城と比較して調べてみました。本年度の播磨学特別講座は、「姫路城主・名家のルーツを探る」というのがテーマでしたが、これまでの講義で、いかに多くの「名家」が姫路に就封していたかがおわかりいただけたかと思います。きょうは、そうした、名家の多さや、城主の多さの背景について、他の地域と比較しながら検証し、姫路城主の特異性の一端に迫ってみたいと思います。

◆はじめに—姫路・播磨の歴史的位相

個別の話に入る前に、姫路・播磨の歴史的位置づけが、どのように推移してきたのか、少しおさらいをしてみます。

まず平安期は、受領（地方長官）が活躍した時代でした。播磨守や薩摩守といった地方長官が各地方へ赴任したわけですが、播磨守は、各地方のなかで最も地位の高い受領でした。なぜかというと、播磨地域が産物のたくさんとれる、豊かな国だったからです。その豊かな国の長官である播磨守はいろいろな経済的利益を受けることとなり、その利益をバックにして都でさまざまな成功《じょうごう》（公共事業）を行い、自分たちの身分をどんどん上げていきました。中央で活動して身分を上げていくことが受領の最終目標でしたから、経済的に非常に豊かな播磨守に、みんななりたがったのです。特に、平清盛が播磨守になりたがったのは有名な話です。結局清盛は播磨守になり、そのあとさらに大きく成長していきました。播磨は、そういう魅力的な土地であったわけです。

鎌倉・室町期に入ると、その播磨の豊かな地域の力を背景にして、赤松一族が勃興してきました。そして鎌倉幕府を倒して、新しい時代を切り開いていったのです。播磨の力がここで初めて一つに結集された、そういう時期でした。

戦国時代をみてみると、播磨ではあまり大きな大名は出ませんでした。戦国期の政治構造は、近畿の中央政権と中国地方との対立というかたちで最終局面を迎えました。そのときの播磨の位置付けは、中央政権からすると、中国攻略の最前線でした。その最前線播磨に秀吉が入ってきて、毛利と対峙していた。その最中に明智光秀によって本能寺の変が起こり、信長が亡くなります。明智を追って秀吉は中国の備中高松城から姫路を経て山崎天王山に引き返すのですが、それが中国大返しです。空前の大転進といわれる中国大返しは、姫路を中継基地として大成功を収めたわけで、姫路がそのように、軍事的にも政治的にも非常に重要な地域であったことが、この中国大返し一つとってみてもわかります。

そのことは、他の時代の歴史をみてもよくわかります。播磨には有力武将がたくさんいましたが、彼らはそれぞれ、自らの飛躍のために、播磨の力を利用しました。平清盛は先ほども言ったように、熱望して播磨守となり、その播磨の力が、平氏を押し上げるにあたって一番大きな力となりました。赤松円心も先ほどお話しした通りです。足利尊氏も、播磨から西国へ逃れましたが、ふたたび播磨を足場にして、足利幕府を開設するための力をつけました。羽柴秀吉は中国攻めの拠点として播磨を利用しました。黒田官兵衛は秀吉の中国攻めにおいて秀吉を助け、中国大返しを成功させました。

播磨がこのように有力武将たちの飛躍地となったのは、経済大国であったことに加え、政治・軍事的な大国にもなり得るという、地理的に有利なポジションにあったからです。つまり足場が非常によかった。播磨は、中国と畿内のちょうど中間に位置していたため、政権奪取の最前線になり、同時に政権防衛に当たるに際にも最前線にもなるという、地政学的に重要な位置を占めていたのです。

◆「関ヶ原」直前の姫路

こういう経済的、政治・軍事的に有利な条件を持った播磨は、関ヶ原合戦前後はどういうふうになっていたのでしょうか。

まず天正六年（一五七八）、黒田官兵衛が姫路城主になりました。官兵衛の出自については、最近では播磨・黒田庄説が出ていますが、いろいろな説があって、よくわかりません。ただし官兵衛が姫路城にいたことは、間違いないでしょう。

天正八年、秀吉が中国攻めのために播磨に入ってきました。秀吉は三木城を中国攻めの拠点にしたかったようですが、官兵衛が自分のいた姫路城を「ここを手がかりにして中国を攻めなさい」と秀吉に進言して、無償で献城しました。自分の城を丸ごとプレゼントするという大博打をうったわけですが、これが大成功を収めました。もし秀吉が三木に拠点を置いていれば中国大返しは成功しなかったのではないかとさえ思います。姫路が重要な地点だということが、このことからも浮き彫りになります。

秀吉は、姫路に三層の城郭を建てたあと、大坂に大城郭を築城、そこに移ります。その後へ、異父弟の秀長が姫路城主としてやってきます。天正十一年のことです。この、秀長は、従来あまり注目されなかったことですが、同時に、但馬・出石城主でもありました。出石城主と姫路城主とを兼務したのです。但馬と播磨というと、日本海と瀬戸内海を結ぶ大きな政治的エリアが、初めて形成されるのです。こういうふうに、一人のリーダーが南北の異なる二つの地域から成るゾーンを治めるという形をつくったことは、非常に注目すべきことでしょう。江戸初期の池田家の版図や、今の兵庫県も同じ形をしているわけで、なぜ兵庫県がこんな形になったかを解く、一つの鍵になるのではという気がします。

そのあと天正十三年には、秀吉の正室ねねの兄、木下家定が姫路城に入ってきました。

◆「関ヶ原」後の大名配置

慶長五年（一六〇〇）、関ヶ原合戦に徳川家康が勝利して戦国時代が終わり、同年、池田輝政が姫路城に入ってきました。

「関ヶ原」後、慶長—元和期における大名配置について、家康の基本姿勢はどのようなものだったか、みてみたいと思います。

まず、「西軍」諸将の改易、領地没収が行われます。たとえば宇喜多秀家（五十七万石）、増田長政（二十万石）など、八十八の大名が改易されて領地を没収されました。

もちろん改易されず生き残った大名もいるわけで、彼らは、大幅に減封されたうえ、転封されます。毛利は百二十万石から三十七万石へ、上杉は百二十万石から三十万石へ、佐竹は五十五万石から二十一万石へと大幅減封されて有無を言わさず転封されます。

続いて、「東軍の外様」が大幅加増されます。そのかわり、多くは、列島中枢部から遠隔地に配置されるのです。黒田家は、十八万（十二万とも）石から五十二万石に。元々が九州・中津でしたから横滑りのようなかたちとなりますが、大幅に加増され、官兵衛の嫡男・長政は筑前の〝大守〟に出世します。福島正則は二十万石から五十万石に加増されて尾張清洲から安芸広島へ、池田は十五万石から五十二万石に加増されて、三河武士の本拠地三河吉田（豊橋）から姫路へ移されました。

さらに、親藩、譜代の列島中央部への集中配置が行われます。これが一番重要なポイントです。外様の有力大名が遠隔地に配置され、これで中央が空いてくるので、そこに、一門・親藩と譜代を配したのです。日本の中枢部を「身内」で固めたということになります。池田が配置された姫路・播磨は、外様からいえば一番中枢部に近いところであり、幕府側からいえば中枢部の一番西端にあたるという「特殊なポジションとしての姫路」という姿が浮かび上がります。

◆池田輝政の姫路入封

姫路に池田輝政が入ってくるにあたっては、複雑な経緯がありました。

『池田家履歴略記』によると、慶長五年（一六〇〇）、関ヶ原の論功行賞を受けて池田は、家康に「美濃か播磨のどちらかを取れ」と言われたといいます。大名配置に当たって、家康からの極めて異例の〝ご下問〟です。それを受けて池田家では重臣会議を開きます。何人くらいの家老が出たかわかりませんが、たとえば十人出たとすると九人までがこう言ったようです。「美濃に決まっているではないか。美濃は池田の発祥の地でもあるし、輝政はかつて美濃城主をしていた」。しかし、ただ一人、伊木清兵衛忠次という家老が「いや、播磨がよろしい」と言った。すると輝政がそう決めたという。なんともわけのわからない議論が展開されたようです。なぜこんなふうになったのか。おそらく、家康は重要な播磨に輝政を行かせると決めていたのでしょう。輝政も当然そのことはわかっていたはずです。けれど、家康が勝手に西国防衛拠点の人事を発令したとなると、反幕勢力の反発はさらに強まるので、播磨の人事については池田家が取ったかたちにしようという、政治工作が行われたのではないかと、私は推測しています。

そのようなちょっと変わった経緯で姫路に入ってきた輝政ですが、このとき播磨五十二万石を領しました。同時に実弟の長吉が因幡（鳥取）六万石をもらいました。これもあまり注目されてこなかったことですが、池田家の人事ということでみると、非常に重要です。そのあと、少し時期がずれますが、輝政二男の忠継が備前（岡山）二十八万石を領することになりました。それから三男の忠雄が淡路六万石をもらいました。

輝政は五十二万石のあと二割打ち出し（二〇％の増税）をしましたから、実質六十二万石です。その実質六十二万石と因幡六万石と備前二十八万石と淡路六万石を足すと、百二万石になり、ここで池田一族の、実質百万石の領土が確立しました。

これは何を意味しているのでしょうか。単に池田家が領土をたくさん取ったということ以上の意味があると思われます。日本海から瀬戸内、太平洋に至る南北を貫く帯のようなゾーンが池田一族によって形成されているのです。

備前より西には、外様の毛利と島津を中心とした反幕府勢力がありました。もし西国から反幕府勢力が反旗を翻し、軍勢を進めるとしたら、どこを通ってくるでしょうか。三つぐらいルートが考えられます。一つは山陰道（今の国道九号線）です。もう一つのルートは、メーンの山陽道です。三つ目は、瀬戸内海を東上する海上ルートです。もしもそんなことになれば、山陰を来る反乱軍は鳥取で防衛する、山陽道を来る軍は備前と姫路の二枚腰で防衛する、瀬戸内海を来る軍船は淡路島で止める、このような「播（幡）・備・淡」防衛ラインが、池田の百万石の領土確立によって形成されたのではないでしょうか。池田氏はそのような位置づけで播磨にやって来たわけです。そして姫路城を建てます。

江戸城と姫路城の縄張りを比較してみると、幕藩体制初期の政治構造が浮かび上がってきます。江戸城は右巻きに堀が穿たれていて、姫路城は左巻きに堀が穿たれています。こういう螺旋状に縄張りされた城は、江戸城と姫路城しかないわけですが、なぜ右巻きと左巻きの縄張りなのでしょうか。建築史家の内藤昌先生の説によると、江戸城と姫路城が対を成しているのには意味があるといいます。つまりこの渦は、政治の気運を示していて、江戸城の右巻きの渦はその先端が大阪を向いているし、姫路城の左巻きの渦も大坂を向いています。慶長五年、関ヶ原合戦のあと、大坂にはまだ淀殿と秀頼ががんばっていて、浪人もたくさんおり、いつどういう動きを起こすかわからないなかで、徳川から大坂城へ向けてにらみを利かせているという「政治の気運」あるいは「統治の意気込み」といったものを示すために、このような縄張りにしたのだということです。さらに、私は、江戸城の右巻きの渦は、必ずしも大坂だけではなく東日本のほうへも向き、姫路城の左巻きの渦も、大坂だけではなく西日本へも向いていると解釈しています。そういうことで、江戸城と姫路城の渦巻き状の縄張りは、東日本と西日本を管轄するという、江戸幕府の強い意図を込めたものだということがいえると考えます。特殊な状況を重ねますと、こんな推測も可能かと思います。

◆芸術作品としての姫路城

この池田輝政がつくった姫路城は、日本で、というより世界でも最も美しい城といえます。どこが美しいのか、いくつかのポイントを挙げて見ましょう。

第一点は、連立天守方式という日本の城郭の中では例を見ない特別な築城方法が採用されています。美しいスカイライン、荘厳さを醸し出しています。二点目は、異例の上すぼみ構造です。富士山型とでもいえる日本一スマートな天守閣を築きました。三点目は、八方正面のデザインです。どこから見てもシンメトリーの美しさをたたえています。四点目に、優雅な屋根を挙げてみましょう。唐破風、千鳥破風、平屋根が絶妙の間隔で取り付けられています。「曲線、斜線、直線」が互いに刺激し合うように配置されているのです。五点目は、色です。「白」にこだわっているのです。白色は、すべての色を超越した「美の極致」ともいえる美しさがあるといいます。「白色のオーラ」を放つ天守群が見事です。六点目は、品格の演出です。随所に、城郭建築としては例のない書院造りの手法を援用しています。

構造の美しさをみせる姫路城天守群

七点目として、構造の美を挙げておきます。門、壁、石垣、屋根などが幾重にも重なって造りだす重層構造の美しさも特筆すべきものです。画家のテーマの多くがこれです。

こうしたことを総合して、姫路城はいわば芸術作品として存在するともいえましょう。このうち、五点目の「白色」ですが、城は白いものと思われているかもしれませんけれども、元々は基本的に黒いものでした。岡山城や熊本城などがそうで、あまり目立たない城をつくるというのが、築城の基本でした。白い城というのは関ヶ原合戦以降のもので、江戸城と姫路城が初めてでした。江戸と姫路の両城が、対を成してつくられた城だということが、これからもわかると思います。

それから六点目の「品格」ですが、姫路城が非常に品格の高い城といわれるのは、いろいろなところに品格を演出する部分があるからです。例えば、大天守閣の最上階、それから菱の門の二階に、「舟肘木」という舟のような形をした柱を支える優雅なパーツがあります。それから花頭（火灯）窓という、寺院建築によく使われる窓もつくられています。こういう、書院造の基本ともいうべきものを採用している大規模なお城は姫路城以外なく、品格を特に重んじてつくったということがいえると思います。

◆異例の城と特別な城下町

姫路は、お城がきれいなだけではなく、城下町も非常な賑わいを見せました。宮本武蔵が、巌流島の決闘のあと姫路にやって来ました。江戸期随一の豪商三井と同格に扱われた近世豪商の一人に那波屋がありますが、相生の那波出身の人で、それが姫路の城下町にやって来て、活発に商業活動を展開し、経済力をつけて京都に進出していきました。それから井原西鶴が姫路に注目しています。西鶴の代表作『好色五人女』の舞台をみてみると、大坂、京都、江戸、薩摩（鹿児島）、それと姫路です。江戸は「八百屋お七」、姫路は「お夏清十郎」の舞台となっています。小説家が執筆にあたって、物語の舞台をどこにするかを重視するのは、今も江戸時代も変わらないわけで、井原西鶴は各地でいろいろな事件が起こったなかで、江戸、京都、大坂、姫路、鹿児島という五つの大都市を選んだわけです。姫路が江戸時代、大きな都市であったことが、これからも推測できるのではないかと思います。また、『中国行程記』などの各種旅行記にも、姫路は注目された町ということで、特に濃厚に記述されました。

池田輝政は「西国将軍」と呼ばれたといわれますが、幕府の正式呼称ではありませんし、輝政自らそんなことを言っては江戸の将軍が怒りますから自称するはずもありませんが、『池田家履歴略記』の輝政死去の記事に「当時西国の将軍と申すほどの御事なりき」と書かれています。その記述から西国将軍という呼称が一般的に使われるようになったのでしょうが、姫路が、そういう「西国将軍が居城する西の都」であり、政治的・軍事的・経済的・社会的・文化的に非常に重要な町であったことが、先ほどお話しした事例からもうかがえます。そこに多くの城主が入ってきたのです。

◆「西の都」の城主たち

池田輝政は、糸姫と督姫という二人の正室を持ちました。先妻の糸姫とのあいだには利隆がおり、後室の督姫とのあいだには忠継、忠雄など四人の男子がいました。輝政が亡くなったあと、池田家は利隆か忠継かの選択を迫られました。家康の次女督姫の息子たちが姫路を継ぎたかっただろうと思うのですが、一カ月の仕置を経て、中身はよくわかりませんが、たぶん督姫が折れたのでしょうか、その結果、姫路は先妻の子利隆が継ぐことになりました。これが池田の本流になっていって、幕末まで利隆の系統が岡山で藩主をつとめることになりました。

池田のあとの歴代城主は、本多、松平（奥平）、松平（結城）、榊原、また松平（結城）、また本多、また榊原、また松平（結城）、そして酒井が入ってきて幕末まで百二十年続きました。

江戸期の姫路城主は全部で三十一人いるとされてきました。しかし、今回、全国の城主の数を数えるに当たって『三百藩藩主人名事典』（新人物往来社刊）の人数を参考にしましたが、この事典は、関ヶ原の戦いから幕末までの城主を収録しているので、姫路では池田輝政の前の木下家定も入れおります。さらに私はもう一人、榊原政房のあとに榊原政倫も入れて、今回の話としては、通説の三十一人ではなく、姫路城には三十三人の城主がいたということにしてご理解していただきたく思います。榊原政房から政倫への代替わりの経緯は、あとで説明します。

非常に入れ替わりが多く、家が七家で十一回替わり、また、本多が二回、松平（結城）は三回、榊原は二回姫路城主になっていますが、これも、全国の城にはない、きわめて特異なケースです。

◆城主の人数―全国平均一藩十六人

姫路藩には三十三人の城主がいて、七家が十一回の転封を繰り返しています。これは全国的にみるとどうなのでしょうか。

表1　城主の全国平均人数

地　域	藩数	藩主数	1藩平均
北海道・東北	17	254	14.94
関　東	35	582	16.63
甲信越・北陸	15	237	15.80
東　海	16	296	18.50
近　畿	29	499	17.21
中国・四国	20	294	14.70
九　州	24	336	14.00
合計	156	2,498	16.01

※関ヶ原～幕末まで続いた藩

「表1　城主の全国平均人数」をご覧ください。藩には、一～三代で終わったところや、江戸の中頃や幕末に立藩したところなどいろいろありますが、この表を作成するにあたっては、関ヶ原から幕末まで二百六十余年続いた百五十六藩を取り上げました。藩主は合計二千四百九十八人です。

二百六十余年、当主が普通に生き、死んで次々と家督を継いでいくとなると、徳川将軍家が十五代であることからわかるように、一藩あたり十五人から十六人ぐらいの城主というのが普通です。それを前提にしてみてみると、北海道・東北は十四・九四人で、ほぼ平均です。関東は十六・六三人でちょっと多い。甲信越・北陸は十五・八〇人で、ほぼ平均。東海が一番多くて十八・五人と、結構替わっています。近畿は十七・二一人、中・四国は十四・七人、一番少ないのが九州で十四人、九州の城主は長生きをして、在位が長いということです。全体平均は十六・〇一人で、はじめに想定した「普通は十五人から十六人」とほぼ同じ数字になります。

表2 藩別城主人数ランク

多数藩		少数藩	
①33人	**姫路**	①10人	高鍋
②28人	古河	②11人	今治
③27人	掛川		宇和島
④25人	岩槻		宍戸
⑤24人	浜松		皆川
⑥23人	松本、亀山、亀岡	⑥12人	秋田など20藩
⑨22人	山形、宇都宮、沼田 笠間、関宿、佐倉、吉田		

◆藩別城主人数ートップは姫路の三十三人

「表2　藩別城主人数ランク」を見てください。藩主の人数を上から順番にみてみると、一位が姫路の三十三人、二位が古河（茨城県古河市）で二十八人、三位・掛川（静岡県掛川市）二十七人、四位・岩槻（埼玉県さいたま市岩槻区）二十五人、五位・浜松（静岡県浜松市）二十四人、六位・二十三人が松本（長野県松本市）、亀山（三重県亀山市）、亀岡（京都府亀岡市）の三藩、九位・二十二人が山形（山形県山形市）、宇都宮（栃木県宇都宮市）、沼田（群馬県沼田市）、笠間（茨城県笠間市）、関宿（千葉県野田市関宿町）、佐倉（千葉県佐倉市）、三河吉田（愛知県豊橋市）の七藩です。

姫路の三十三人という数字は、二位・古河の二十八人と比べてもダントツで多い数字です。平均の二倍以上の城主が、姫路へ入れ替わり立ち替わり入ってきたことがこれでわかります。姫路城主の特異性は、この人数が最も如実に物語っています。

逆に少ない藩をみてみると、一位は高鍋（宮崎県高鍋町）で十人。この家系は結構長生きなのでしょう。二位は十一人で、今治（愛媛県今治市）、宇和島（愛媛県宇和島市）、宍戸（茨城県旧友部町）、皆川（栃木県栃木市）。六位は秋田（秋田県秋田市）などで十二人です。

◆藩別大名家数と転封回数—大藩では姫路が最多

「表３　藩別大名家数と転封回数」は、大名の家数と転封回数の多い藩をランキングしたものです。家数はどの藩が一番多いかというと、一位は掛川と田中（静岡県藤枝市）で十二家。譜代の大名が、入れ替わり立ち替わり来ています。田中は静岡の北西にある、駿府城の守りのようなかたちの小さな藩です。家康が大御所として君臨した駿府城が、家康が亡くなってから小藩に分割され、そのうちの一つが田中藩になったわけです。家康は生前、田中が非常に気に入っていたらしく、よく鷹狩りに行きました。家康は鯛の天ぷらを食べて死んだといわれますが、その亡くなった場所がこの田中です。

三位が山形で十一家。これは奥州の押さえということです。四位が古河、浜松で十家。六位

表３　藩別大名数と転封回数

大名家数	転封回数
①掛川、田中＝12	①掛川　＝14
③山形　＝11	②浜松、山形　＝13
④古河、浜松＝10	④古河、田中　＝12
⑥棚倉、岩槻 吉田、亀岡＝ 9	⑥**姫路**、宇都宮＝11
	⑧亀岡　＝10
⑲**姫路**　＝ 7	⑨棚倉、岩槻 高崎、笠間 村上等９藩　＝ 9

が棚倉（福島県棚倉町）、岩槻、三河吉田、亀岡で九家。姫路は城主が入れ替わり立ち替わりしていたわりに、同じ家が二度、三度と来たこともあって、結局七家で十九位です。

家数よりもう少し重要なのが、藩で何回大名が入転封を繰り返したかという転封回数です。一位はやはり大名家数が多い掛川で十四回。二位が浜松、山形で十三回。四位が古河、田中で十二回。六位が宇都宮と姫路で十一回です。

初期の山形は別ですが、古河・田中・宇都宮は、十万石足らずの中小規模の藩です。姫路のように十五万石という大きい藩で十一回も入転封を繰り返している藩はありません。姫路は、大藩では最も多く入転封を繰り返した藩であったことが分かると思います。

藩別大名家数と転封回数の多かった藩について、その背景をみていきましょう。

東海の田中藩は、掛川や浜松、岡崎、三河吉田と近い、つまり、家康の出身地に近い、三河武士の本拠地です。ここの城主になるということは、たとえ小藩でも自分が三河武士である誇りを確認することができるということで、行きたい人がたくさんいました。幕府も「やってやる」と恩も売れたのでしょうか。そういうこともあり、入転封が繰り返されました。

関東の古河は、地図を見てみると関東地方のど真ん中にあります。昔古河公方のいたところで、足利氏の本拠地でした。ここがなぜ重要なのかというと、関東地方の真ん中というだけでなく、利根川と、足尾鉱山の鉱毒事件で知られる渡良瀬川とが合流している水運の要地であり、さらに陸路も、日光街道と奥州街道の分岐点という重要なところで、陸・水路の要衝だったからです。ここに有力な大名を置くことが、関東防衛のうえで非常に重要だったわけで、姫路と似たようなかたちで入転封が繰り返されました。また、この古河からは大老が二人、老中が二人、京都所司代が一人と、幕閣の有力者がずいぶん出ました。

あと、岩槻ですが、これは川越（埼玉県川越市）、忍（埼玉県行田市）とともに、一国一城令で多くの城がつぶされたなかでこの三城だけ残されました。やはり、関東の防衛のためです。したがってこういうところは、頼りない人は替えられて、城主が非常に頻繁に交代しました。

棚倉の転封回数が多いのは、逆に左遷の地だったからです。奥州の入り口・白河の関に近く、当時は「落ち行く先は奥州棚倉」などと言われたそうで、あまり行きたくなかった地のようです。ちょっとした失敗をすると、ここに流されたといいます。

次に、転封の理由を考えてみましょう。

掛川、浜松は、「一門」の出世城です。厳しい処分もありましたが、三河武士の本拠地であり、ここを足場にして出世していくわけで、たとえば浜松からは水野忠邦など六人の老中を輩出しました。

山形は、「奥州」の押さえで、姫路と類似したところがあり、有力大名が次々に配置されています。古河は、先ほど述べたように「関八州」の心臓部、水陸交通の要衝でした。田中藩は、ほぼ直轄領的に、そんなに大きな功績はない若手を配置した城のようで、随時交代しています。宇都宮は、「北の守り」であると同時に、今もJR線で日光へ行くときは宇都宮で乗り換えますが、日光の入り口に当たっており、日光街道を監視するという重要な役目を果たせるしっかりした者を置きました。

そして、姫路です。「西国将軍」の地、「徳川四天王」常駐の城ですが、姫路の最も大きな特色は、幼少城主を何度も即時転封させたことです。ほかの城でも、多少その傾向はありましたが、姫路ほど頻繁だったところはありません。それともう一つ、典型が酒井家ですが、姫路の経済的豊かさを狙って、有力大名が「播磨に行かせてほしい」と姫路を所望しました。それは、多くの有力者が播磨守を所望した平安時代から続いた特色で、こういう地は、多分ないと思われます。

◆姫路城主の転封状況

〈表4〉は、姫路城主の転封状況を示しています。まず、池田利隆です。彼は、三十三歳で没しますが、そのとき利隆の後継である光政はまだ八歳でした。少年には姫路を任せられないというので、鳥取に転封になりました。

本多政勝は、前任者の本多政朝が三十九歳で急死したときまだ子供が小さく、その子を次の城主にすると姫路は改易されるということで、政朝の息子が成人するまでという条件で、傍系から迎えられて本家の跡継ぎになりました。そのとき政勝は二十四歳でしたが、いずれ所替え

表4 江戸期の歴代城主

池田輝政	1600年	
利隆	1613	
光政	1616	
本多忠政	1617	
政朝	1631	
政勝	1638	
松平忠明	1639	（奥平）
忠弘	1644	
松平直基	1648	（結城）
直矩	1648	
榊原忠次	1649	
政房	1655	
政倫	1667	
松平直矩	1667	（結城）
本多忠国	1682	
忠孝	1704	
榊原政邦	1704	
政祐	1726	
政岑	1732	
政永	1741	
松平明矩	1741	（結城）
朝矩	1748	
酒井忠恭	1749	
忠以	1772	
忠道	1790	任期最長
忠実	1814	
忠学	1835	
忠宝	1844	
忠顕	1853	
忠績	1860	
忠惇	1867	
忠邦	1868〜1871	

※輝政前任の木下家定を加えると、城主人数は33人となる

をするという条件付きで姫路城主になったのです。予告通り、四年在城したあと政勝は大和郡山に転封になりました。

松平（奥平）忠明が六十二歳で死んだとき、嫡男の忠弘はまだ十四歳だったので、すぐ山形への転封が命じられます。

松平直矩の父は松平直基で、結城松平の直系の名家です。その直基は、姫路に転封になりましたが、さあ、姫路に行こう、というその前の日に病気で死んでしまいました。残されたのが七歳の直矩でしたが、慣例により、幼少では駄目だということで、姫路に行かぬまま、江戸で次の処遇を待ち、八カ月後に村上へ行くことになりました。この松平直基、直矩親子は揃って、姫路に入らないままの城主ということになります。お気の毒、というか、まことに特異なケースでしょう。

榊原政倫の場合は、寛文七年（一六六七）五月二十四日に父政房が亡くなりました。そのとき、嫡男であった政倫は三歳でした。姫路は非常に重要な地なので三歳の政倫に家督相続を認め襲封させるかどうか、幕府の決定が少し手間取ったのでしょうか。幕府が相続をすぐに認めたかの認めていないかよくわかりませんが、ほぼ一カ月経った六月十九日になって、政倫を本領のまま、つまり家督を認め十五万石のまま越後村上に転封するという処置が取られました。『姫路城史』あるいは『姫路市史』は政倫について、村上に行くまでに正式に政房の跡を継いだということがはっきりしないので、姫路城主として数えていませんが、榊原家としては、三歳であろうが政倫に継がせることが決定していたわけですし、実際に政倫が継ぎました。そういう状況からみると、一カ月足らずでも、もっと厳密にいえば、村上転封の発令された六月十九日は「政倫の家督を認め姫路から村上へ」ということでしょうから、最低、この一日は姫路城主としての地位はあったわけです。そのように解釈して、榊原政倫を姫路城主に〝仲間入り〟させてカウントしました。『三百藩主人名事典』もこの説ですが、そう思う方が自然だと考えます。したがって、姫路城主の人数は、従来の説より一人増えるということになります。

それから再び松平直矩です。直矩は再度姫路に入封し、念願かなって大喜びします。それで姫路に十五年もいて、それなりの充実した城主生活を送っていたのでしょうが、十五年目にして、過去のお家騒動のとばっちりを受けることになります。直矩が越後村上にいたときに起こった、同族で越後高田の松平家をゆるがせた家督争いです。「越後騒動」としてよく知られている内紛ですが、この争いについて、直矩がうまく仲裁していなかったという〝古傷〟が発覚し、責任を問われ突然、豊後日田に転封されることになりました。

本多忠孝は、名君だった父の忠国が三十九歳で亡くなったとき、わずか七歳でした。本多家では「馬の乗り降りができない者は跡継ぎ（城主）にすることはできない」といわれていたので、自ら転封を願い出て、忠孝は在城十八日間で越後村上に行きました。

榊原政永は、その前の城主が有名な榊原政岑です。政岑は吉原の遊女を落籍して姫路に連れて来て、それが幕府の怒りに触れました。普通ならお家取り潰しですが、榊原家は徳川家にとって大切な四天王家の一つであるということで、お家断絶は免れたものの、政岑は隠居謹慎を命じられ、政永が跡継ぎとなりました。まだ七歳だということで、十九日間姫路にいたのち、越後高田に父と一緒に転封していきました。

松平朝矩は、その前の城主であった父明矩が、年貢の取り立てを厳しくしたため、それが引き金となり姫路藩で唯一の一揆を誘発します。明矩は三十六歳で亡くなりますが、そのとき、跡取りの朝矩は十一歳でした。明矩が亡くなった直後の政治的空白を突くように一揆が起こったのです。朝矩は、二十日間姫路を襲封しましたが、慣例により、若年を理由に前橋に転封となりました。一揆さなかの所替えでした。

こうしてみてみると、九人のうち八人までが幼少・若年で転封になっています。二十四歳だった本多政勝も基本的な考え方としては同じことで、二十四歳でもまだ姫路は任せられないということで替えられました。この若年城主の頻繁な強制転封が、姫路城主の数を多くした大きな原因の一つといえると思います。

ところで、先ほど「姫路を所望する大名がたくさんあった」と言いましたが、姫路の城主らが姫路をどういうふうに見ていたのかを、彼らの言葉から抽出してみました。

黒田官兵衛＝「多くの街道が交差、海路も有利な地」。それで秀吉に姫路城をすすめたということです。

伊木清兵衛忠次＝「一播二越。南に開けて海もあり永世起業の地」。伊木忠次は、池田家が姫路に入るときに一人だけ姫路説を唱えてその説が受け入れられた池田家の筆頭家老です。「一播二越」とは、日本で一番財政力が豊かなのは播磨で二番目は越後だといわれていたようです。先にお話しした政治工作は抜きにして、姫路を非常に高く評価しています。

本多政朝＝「馬の乗降できぬ者に姫路の跡を継がせるわけにはいかない」。先ほどの話の通りです。

松平直基＝「姫路は枢要の地である。直矩は幼少だから死後は召し上げしてほしい」

榊原忠次＝「ことのほか結構な地」「四ツ成で二十八万石」。忠次は榊原家の大物大名で、なかなかの名君でした。お酒を好まず、一生に三度しか祝宴をしたことがないといわれますが、そのうちの一度が姫路に入封が決まったときに「ことのほか結構な地」だといって大喜びして開いたものだといいます。「四ツ成で二十八万石」というのは、そのころは四割ぐらい税金を取っていたので、「姫路は表高十五万石だけれども、二十八万石から四割取るぐらいの税収がある」という意味でしょうか。豊かな地ということを強調しています。

榊原政房＝「（子が）少年の内に死ねば姫路召し挙げ」（遺言）。榊原政祐＝「所柄（姫路は特別の地）諸士万事相慎め」（遺言）。政房・政祐の二人とも、姫路は特別な地であるから特別な態度で臨めという遺言を残しました。

松平明矩＝「別して本望のことなり」。明矩は白河藩主時代、財政悪化で非常に困っていて、姫路入封が決まった際、姫路へ行けば豊かなところだから財政も改善されてくるだろうと、「別して本望」という特別な表現で姫路行きを喜びました。

酒井忠恭＝「家の面目世の聞こえ、有難きしあわせ」。これも喜び勇んでいます。

このように、姫路へは非常にたくさんの大名が熱い視線を向けていました。多くの姫路転封希望者がいて、ある程度これを聞き入れているうちに、城主の数も増えたのです。

◆姫路城主の特異性

以上から、姫路城主の特異性として次の八点を挙げたいと思います。

全国の藩の中で最多の城主（三十三人）。群を抜いた多さです。

十五万石以上のクラスで最多の転封（十一回）。

若年城主の強制転封。八人というのは異例の処置です。

同一大名家、最多の重任。松平が三回、本多が二回、榊原が二回。同じ家が何度も入った藩は、浜松や掛川などあと三藩ほどありますが、姫路が最多です。

譜代有力大名のみの指定地。三河武士の本拠地である三河、駿河の辺りも譜代大名がたくさん入れ替わりましたが、有力大名ではなく、中小の大名が入れ替わり立ち替わり入りました。しかし姫路は、譜代の有力大名だけが入ってきた特殊な地でした。

譜代藩西端の赴任地。ただし、例外的に譜代大名が中国や九州、たとえば日田藩などに入っています。この日田藩は小さな藩ですが、日田には「太閤殿下の入会地」、豊臣秀吉の直轄地だったという伝統があったものですから、この藩主は、九州の諸大名を統括するポストになり、九州の真ん中にぽつんと譜代の大名が入っているというわけです。しかしそれを除けば、姫路は譜代大名の一番西の赴任地で、政権防衛の最前線という特異な位置づけでした。

一人物が二度、城主に。松平直矩の異例の赴任を指します。こういう城は姫路だけだろうと思います。

多くの赴任願望があった城。あれほど多くの大名が「姫路に行きたい」と望んだのも、特異なケースだったろうと思います。

◆まとめ―姫路城主の特異性がもたらしたもの

まとめてみますと、まず姫路城の城主配置というのは、最初にお話ししました、江戸時代初期の江戸城と姫路城が政治的気運を発する「二眼レフ統治構造」を一貫して維持しようとした幕藩体制堅持のための配置であったということです。

次に、拠点都市として姫路城下は一定の繁栄を見せてはいましたが、しかし、頻繁に城主が入れ替わったために、たとえば松江が「（松平）不昧さんの城下町」といわれるような、江戸期特有の「城下町概念」が形成されることはありませんでした。地域的には非常にマイナスになっています。

それから「江戸シフト」の色濃い風潮がありました。それが、幕末の有力な「佐幕藩」へ直結していきました。例えば、幕末から明治の激動期において、徳川に殉じ、新政府に頑なに抵抗するという酒井忠績、忠惇の二人の藩主の選択が、姫路城主の位置を象徴的に表しているといえます。

最終的には最後の城主酒井忠邦が新政府に恭順の意を表してなんとか姫路藩の取り潰しを免れましたが、やはりしこりは残ります。明治維新後、新政府との確執が起こり、それがその後の播磨・姫路の発展に暗い影を落とすことになりました。つまり、姫路の城主の特異性が、近・現代の私たちの暮らしにまで大きな影響を及ぼすことになるということです。余談ですが、幕末の城主に象徴される姫路城主のこうした言動は、文学的にみてみると「潔い武士の一念」といえましょうが、歴史学的にみると先見性を欠いて苦悩する藩主という姿が浮かびます。政治学的にみると、情勢分析を誤った敗北、地域学的視点からみると、播磨新時代を阻害してしまったといえるでしょう。

何度も述べてきたことですが、播磨・姫路は古来、大変豊かで、豊富な富を生む地域でした。戦国時代まではその富は地域になんらかのかたちで還元され、それが赤松に代表されるような播磨の力の源泉に、まがりなりにもなっていたと思います。しかし戦国以後、特に江戸時代に入ると、播磨の富は次第に幕府の富、幕府の力に変えられていったのではないでしょうか。姫路城主の特異性、つまり入転封を頻繁に繰り返したことは、幕府が播磨の富、播磨の力を取り込もうとしたことの結果であると考えられます。

あとがき

『ルーツ』といえば、アメリカの黒人作家アレックス・ヘイリーの大作を連想する。自らの出自を、七代前までさかのぼり、祖先の系譜を手繰り寄せ、その間、一族がどんな苦難を乗り越え、そして現在の自分があるかを確認するという壮大な構想で描かれた記録小説だ。三十数年前、世界的なベストセラーとなって、以後、ルーツ探しがちょっとしたブームにもなった。

ルーツを探るということは、おおざっぱに言うと二つの目的があるように思う。一つは、ヘイリーが試みたように、苦難の克服と、生きた証を求めること。もう一つは、その一族が、いかに名家の出身であるかを誇示するためである。日本では、どちらかというと後者の目的の方が多いのではないか。江戸幕府による「寛永諸家系図伝」「寛政重修諸家譜」等に掲載された諸大名の系譜では、そのことがはっきりと見て取れ、何らかの作為があることも周知の事実である。同時にそのことは、名家といわれる一族でも、多くに出自の不正確さがあり、系譜を全面的にたどることは不可能に近いことがわかる。「ルーツ論争」が、なかなか学問的論争にならないのは、そんな背景もある。

しかし、それでも、一般の〝歴史ファン〟にとっては「ルーツ」は、興味深い関心事である。播磨学研究所では、研究拠点を兵庫県立大学に移した平成二十三年度から「播磨学特別講座・播磨の殿さま群像シリーズ」を開講することとし、その第一弾として、「姫路城主『名家のルーツ』を探る」というテーマのもとに、十人の先生方をお招きして、連続講座を開催した。本書は、その講演録を一部修正、加筆してまとめたものである。

姫路城は、城主の数が極めて多いお城であると言われていた。実際はどうなのかを示すデータもなかったのだが、今回、他城との比較で全国一であることを初めて裏付けることができた。それら姫路に入封した諸名家は、中世から近世にかけ、日本の隅々にまで足跡を残し歴史を大きく動かしてきた一族ばかりである。小寺、黒田、羽柴、池田、奥平、松平、本多、榊原、酒井といった著名大名家の動向を探ることは、播磨・姫路の歴史はむろんのこと、日本全体の歴史を、播磨の地から俯瞰することにもなる。「そもそもの発祥」については、歴史ファンのご期待に十分沿えなかった部分もあろうかと思うが、ルーツ探しの制約をご理解いただくと同時に、一方で、各一族の、ことに初期の苦闘の歴史を読み取っていただけるのではないかと思っている。

播磨学研究所は、昭和六十三（一九八八）年以降、毎年、播磨に関するテーマを設定し、全国からお招きした十人前後の講師による「播磨学特別公開講座」を連続開催している。講座終了後には、原則としてその講義録を一冊にまとめてきたが、今回の出版で十九冊目となる。これを機に、姫路城の城主論が盛んになり、姫路城の特殊性がさらに深く浮き彫りされれば幸いである。

出版に当たり、講義、及び講義録のまとめを快く引き受けて下さった講師の先生方にあらためてお礼を申し上げたい。また、公開講座の開催等に当たり、姫路市文化国際交流財団、兵庫県立大学、神戸新聞社のご協力をいただいたほか、神戸新聞総合出版センターの皆さんにも大変お世話になった。ここに深く感謝申し上げたい。

平成二十四年六月

播磨学研究所長
兵庫県立大学特任教授
中元孝迪

跡部　信　あとべ まこと
1967年生まれ。大阪城天守閣主任学芸員。
専門は日本近世史、とくに豊臣期～江戸初期の政治史。
著書／『おおさか図像学』（共著、東方出版、2005）、『小牧・長久手の戦いの構造　戦場論 上』（共著、岩田書院、2006）ほか。

堀江登志実　ほりえ としみつ
1957年生まれ。岡崎市美術博物館学芸員。
専門は日本近世史。
著書／『定本 西三河の城』（共著、郷土出版社、1991）、『定本 矢作川』（共著、郷土出版社、2003）、『新編豊川市史　第2巻』（共著、豊川市、2011）ほか。

花岡公貴　はなおか こうき
1969年生まれ。上越市立総合博物館係長（学芸員）。
専門は日本近世史。城下町と下級武士の存在形態。榊原家史料の史料論。
著書／『岩田書院ブックレット9 地域と歩む史料保存活動』（共著、岩田書院、2003年）、『新選 御家騒動』下（共著、新人物往来社、2007年）、『書誌書目シリーズ96　高田藩榊原家書目史料集成』（共著、ゆまに書房、2011年）、『城下町高田と人々のくらし―開府四〇〇年の軌跡』（共著、北越出版、2012年）ほか。

藤井譲治　ふじい じょうじ
1947年生まれ。京都大学名誉教授。
専門は日本近世政治史。
著書／『幕藩領主の権力構造』（岩波書店、2002）、『徳川将軍家領地宛行制の研究』（思文閣出版、2008）、『天皇と天下人』（講談社、2011）、『天下人の時代』（吉川弘文館、2011）ほか。

中元孝迪　なかもと たかみち
1940年生まれ。兵庫県立大学特任教授。元神戸新聞論説委員長。日本記者クラブ会員、日本ペンクラブ会員。播磨学研究所所長。
著書／『日本史を変えた播磨の力』（神戸新聞総合出版センター、2009）、『姫路城 永遠の天守閣』（同、2001）、『播磨の時代へ』（同、1992）、『宮本武蔵を行く』（編著、同、2003）、『コラムニストが見た阪神大震災』（同、1995）、『ひょうご全史－ふるさと7万年の旅』（上下巻、共著、同、2005～6）、『日本災害史』（共著、吉川弘文館、2006）ほか。

◎執筆者紹介（掲載順）

野田泰三　のだ たいぞう
1964年生まれ。京都光華女子大学人文学部教授。
専門は日本中世史（室町・戦国期政治史）。
論文・著書／「戦国期における守護・守護代・国人」（『日本史研究』464号、2001）、『兵庫県の歴史』（共著、山川出版社、2004）、『小野市史』『姫路市史』『高砂市史』『新修神戸市史』『三田市史』ほかの編纂・執筆に携わる。

横田武子　よこた たけこ
1942年生まれ。福岡地方史研究会会員、福岡人権研究所会員。
論文・著書／「福岡藩黒田家の子育て」（『福岡地方史研究』38、2000）、「福岡藩無足組の成立と展開」（『福岡地方史研究』45、2007）、『福岡藩分限帳集成』（共同編集、海鳥社、1999）、『福岡藩無足組 安見家三代記』（監修、海鳥社、2008）ほか。

伊藤康晴　いとう やすはる
1967年生まれ。鳥取市歴史博物館 統括学芸員。
専門は日本近世史。村落史・藩政史。
著書／『大名 池田家のひろがり』(鳥取市歴史博物館、2001)、『大名たちの庭園』(同、2004)、『新編 郡家町誌』地誌編(編著、八頭町、2007)、『池田家三代の遺産』(共著、神戸新聞総合出版センター、2009)、『まるごと歴史遺産 ここはご城下にござる―因州鳥取の城下町再発見―』（鳥取市歴史博物館、2010）ほか。

新行紀一　しんぎょう のりかず
1937年生まれ。愛知教育大学名誉教授。
専門は日本中世史。
著書／『一向一揆の基礎構造』（吉川弘文館、1975)、『新編 岡崎市史 2中世』（共著、1989)、『戦国期の真宗と一向一揆』（編著、吉川弘文館、2010)、『新編 豊川市史 第1巻』（共著、2011）ほか。

今井修平　いまい しゅうへい
1950年生まれ。神戸女子大学文学部教授。
専門は日本近世史。
姫路市史、加古川市史、福崎町史、小野市史の編さん専門委員を歴任し、現在は高砂市史編さん専門委員長。
著書／『兵庫県の歴史』（共著、山川出版社、2004)、『大坂摂津・河内・和泉』（共著、吉川弘文館、2006)、『姫路市史』第4巻（2009)、『高砂市史』第2巻（2011）ほか。

姫路《ひめじ》城主《じょうしゅ》「名家《めいか》のルーツ」を探《さぐ》る

2012年7月20日　初版第1刷発行

編者———播磨学研究所
〒670-0092　姫路市新在家本町1-1-22
兵庫県立大学内　　TEL 079-296-1505
発行者——吉見顕太郎
発行所——神戸新聞総合出版センター
〒650-0044　神戸市中央区東川崎町1-5-7
TEL 078-362-7140（代表）／FAX 078-361-7552
http://www.kobe-np.co.jp/syuppan/
編集担当／岡　容子
装丁／正垣　修
印刷／モリモト印刷株式会社

落丁・乱丁本はお取り替えいたします

ISBN978-4-343-00694-3 C0321